国家绒毛用羊产业技术体系建设资金资助项目(CARS-39-22)

中国绒毛用羊

产业发展与政策研究报告

2023

肖海峰　陈海燕　王　晶　王贝贝 等　著

中国农业出版社
北　京

图书在版编目（CIP）数据

中国绒毛用羊产业发展与政策研究报告．2023/肖海峰等著．—北京：中国农业出版社，2024.4
ISBN 978-7-109-31926-4

Ⅰ.①中…　Ⅱ.①肖…　Ⅲ.①毛用羊—畜牧业—产业发展—研究报告—中国—2023　Ⅳ.①F326.3

中国国家版本馆 CIP 数据核字（2024）第 085810 号

中国农业出版社出版
地址：北京市朝阳区麦子店街 18 号楼
邮编：100125
责任编辑：张潇逸　边　疆
版式设计：王　晨　　责任校对：吴丽婷
印刷：北京中兴印刷有限公司
版次：2024 年 4 月第 1 版
印次：2024 年 4 月北京第 1 次印刷
发行：新华书店北京发行所
开本：720mm×960mm　1/16
印张：11
字数：186 千字
定价：78.00 元

中国绒毛用羊产业发展
与政策研究报告 2023

著 者 名 单

肖海峰	陈海燕	王　晶	王贝贝
王　恒	刘明玉	李　明	刘山水
张晓雅	马如意	尹金辉	毛晓敏
徐惠娟	赵　鹏	权国波	刘树才
刘继刚	王　雷	文亚洲	王喜军
赵小琪	倪晓君	张　丽	郭宏宇
裴全帮	张俊华	王如玉	罗　叶
包文静	候若兰	王　淇	信耀玉
王小丫			

前 言

FOREWORD

为了准确把握2023年度我国绒毛用羊产业发展状况，国家绒毛用羊产业技术体系产业经济研究团队于2023年7—8月，与营养需求与饲养标准团队、太原综合试验站、赤峰绒山羊试验站、张掖综合试验站、三角城综合试验站合作，完成了9个县（旗）、1个种羊场和175户农牧户的问卷调查工作。基于上述调研数据，以及张家港羊毛交易市场价格数据和中国海关进出口数据，我们完成了总报告——《2023年我国绒毛用羊产业发展与政策研究报告》以及3个分报告——《2023年细毛羊产业发展调研报告》《2023年半细毛羊产业发展调研报告》和《2023年绒山羊产业发展调研报告》。

总报告《2023年我国绒毛用羊产业发展与政策研究报告》包括绒毛用羊养殖情况、绒毛用羊养殖成本收益、绒毛价格变动特征及原因、绒毛进出口变动情况及原因、绒毛用羊产业相关扶持政策及其评价、2024年我国绒毛用羊产业发展趋势、我国绒毛用羊产业发展存在的主要问题、促进我国绒毛用羊产业发展的对策建议8个部分。3个分报告《2023年细毛羊产业发展调研报告》《2023年半细毛羊产业发展调研报告》和《2023年绒山羊产业发展调研报告》在分别对细毛羊、半细毛羊和绒山羊产业发展现状及存在问题分析的基础上，提出了促进产业发展的相关政策建议。

在本报告出版之际，我们向2023年度与产业经济研究团队合作调研的权国波研究员、赵鹏站长、徐惠娟站长、刘树才场长、刘继刚站长、文亚洲科长、王喜军副科长、赵小琪助理研究员、倪晓君助理研究员、张丽副研究员、郭宏宇副研究员、王雷站长、裴全帮部长、毛晓敏总经理，以及其他相关人员表示衷心的感谢！也对郑文新首席及其他岗位专家和试验站站长给予的支持和帮助表示感谢！同时也请各位专家、站长、相关领导及其他读者对本报告提出宝贵意见。

产业经济岗位专家　肖海峰

2024 年 2 月

目录
CONTENTS

前言

▶ 总报告　2023 年中国绒毛用羊产业发展与政策研究报告

一、绒毛用羊养殖情况 / 3
（一）绒毛用羊存栏数量情况 / 3
（二）绒毛产量情况 / 7
（三）农牧户养殖行为和养殖意愿 / 10
二、绒毛用羊养殖成本收益 / 14
（一）养殖总收益 / 15
（二）养殖总成本 / 16
（三）养殖纯收益和成本收益率 / 17
三、绒毛价格变动特征及原因 / 18
（一）羊毛价格变动特征及原因 / 18
（二）羊绒价格变动特征及原因 / 25
四、绒毛进出口变动情况及原因 / 29
（一）羊毛进出口变动情况及原因 / 29
（二）羊绒进出口变动情况及原因 / 39
五、现有绒毛用羊产业相关扶持政策及其评价 / 44
（一）现有绒毛用羊产业相关扶持政策 / 44
（二）现有绒毛用羊产业相关扶持政策的评价 / 53
六、2024 年我国绒毛用羊产业发展趋势 / 60
（一）细羊毛、羊绒产量将小幅下降，半细羊毛产量稳中有增 / 61
（二）绒毛价格将继续下降 / 62

（三）绒毛用羊标准化规模养殖水平将进一步提升 / 63
（四）绒毛用羊产业的组织化程度将有所提高 / 64
（五）绒毛用羊产业社会化服务水平将稳步提升 / 65
（六）绒毛用羊良种培育和推广将更加关注市场需求导向 / 66
（七）绒毛用羊产业将更加注重饲草料供应体系建设 / 66
七、我国绒毛用羊产业存在的主要问题 / 67
（一）绒毛生产积极性下降，羊毛、羊绒质量有所下降 / 68
（二）基层良种繁育场站面临资金、人才困境，良种选育、推广工作难度加大 / 69
（三）养殖户饲养管理方式粗放，标准化、设施化程度低 / 70
（四）养殖人员年龄偏大、受教育程度偏低，实用养殖技术应用较少 / 70
（五）专业合作社、家庭农场等新型农业经营主体发展缓慢，产业组织化程度低 / 72
（六）绒毛销售方式较为传统，“优质优价”机制尚未全面建立 / 73
（七）绒毛产品品牌建设滞后，市场竞争力不足 / 73
八、促进我国绒毛用羊产业发展的对策建议 / 74
（一）加大绒毛用羊产业扶持力度，稳定养殖户绒毛生产积极性 / 74
（二）加大优良品种选育和推广力度，提升绒毛用羊生产性能 / 75
（三）增加养殖基础设施建设投入，改善农牧户养殖条件，助推生产方式转型升级 / 76
（四）注重畜牧兽医人才队伍建设，加强技术支撑和服务保障 / 76
（五）规范专业合作社发展和新型农业经营主体培育，提高产业组织化程度 / 77
（六）积极推行“工牧直交”等交易方式，规范绒毛流通市场建设 / 78
（七）提高生产流通主体的商品经营意识，塑造优质绒毛品牌 / 79

分报告一　2023年细毛羊产业发展调研报告

一、细毛羊养殖形势与产业发展现状 / 83
（一）调研地区细毛羊养殖品种各具特色 / 83
（二）调研地区细毛羊养殖规模均呈下降趋势 / 84

（三）调研地区细羊毛产量均呈下降趋势 / 85
（四）调研地区细羊毛价格均较 2022 年下跌 / 86
（五）细毛羊养殖条件和管理技术有所改善 / 87
（六）各调研地区细毛羊养殖效益存在一定差异 / 89
（七）调研地区产业组织化程度偏低，部分地区形成了较为成熟的产业组织模式 / 91
（八）调研地区羊毛销售渠道仍以贩子收购为主，“工牧直交”方式发展较为迅速 / 93
（九）各调研地区细毛羊产业扶持政策存在一定差异 / 93
二、细毛羊产业发展存在的问题 / 96
（一）农牧户养殖积极性下降，转产、弃养现象较为普遍 / 96
（二）农牧户养殖管理方式较为落后，部分实用养殖技术普及率偏低 / 97
（三）资源环境约束和管控增强推动成本上升，细毛羊养殖利润空间收窄 / 99
（四）细毛羊良种补贴政策呈“组合化”趋势，但是单项补贴标准偏低 / 100
（五）细毛羊产业新型农业经营主体发育不足，组织化程度偏低 / 102
（六）部分地区“工牧直交”销售方式发展迅速，但“优毛优价”机制尚未全面建立 / 103
（七）细毛羊产品品牌建设与宣传滞后，加工营销体系不完善 / 103
三、促进细毛羊产业发展的对策建议 / 104
（一）完善细毛羊产业政策扶持体系，健全政策落实长效机制 / 104
（二）加强细毛羊品种改良，提升农牧户养殖经济效益 / 105
（三）创新基层社会化服务组织运行模式，加强技术支撑和人才保障 / 106
（四）加强饲草料供应体系建设，积极推动细毛羊产业生产方式转型升级 / 106
（五）积极培育细毛羊产业新型农业经营主体，提升市场竞争力 / 107
（六）优化细羊毛销售渠道，逐步建立“优毛优价”机制 / 108
（七）强化品牌培育，以加工营销体系建设带动价值链提升 / 108

分报告二 2023年半细毛羊产业发展调研报告

一、2023年半细毛羊养殖形势与产业发展现状 / 113
（一）养殖品种生产性能稳定，良种化程度较高 / 113
（二）除鲁甸县外，各调研县半细毛羊养殖规模均小幅增加 / 114
（三）除鲁甸县外，调研县半细羊毛产量均有所增长 / 115
（四）各调研县半细羊毛价格下降，且普遍较低 / 115
（五）半细毛羊以传统放牧养殖为主，现代化的养殖技术尚未广泛普及 / 116
（六）各调研县半细毛羊养殖收益均较低，且差别不大 / 118
（七）专业合作社和家庭农场有所发展，个别合作社具备一定的示范作用 / 120
（八）羊毛商品化比例较低，销售以贩子收购为主 / 122
（九）政府对半细毛羊产业的扶持政策相对较少 / 122
二、半细毛羊产业发展面临的主要问题 / 124
（一）种羊场基础设施老化、经营困难，良种选育、推广工作难度较大 / 124
（二）农牧户养殖设施匮乏，饲养管理方式传统落后 / 125
（三）养殖人员受教育程度偏低，先进技术培训参与程度较低 / 125
（四）生产合作组织发展落后，多数专业合作社空有其名 / 126
（五）半细羊毛市场价格较低，农牧户羊毛生产积极性大幅下降 / 127
（六）半细羊毛销售渠道较少，农牧户羊毛销售困难 / 127
（七）政府对半细毛羊产业扶持力度较弱 / 128
三、促进半细毛羊产业发展的对策建议 / 129
（一）加强半细毛羊良种保护和推广，提升半细毛羊生产性能 / 129
（二）增加养殖基础设施建设投入，改善农牧户养殖条件 / 129
（三）加强农牧户养殖管理的培训，提高养殖技术应用水平 / 130
（四）积极推动家庭农场、专业合作社的发展，提高产业组织化程度 / 131
（五）拓宽半细羊毛销售渠道，加快半细羊毛流通市场建设 / 131
（六）及时出台扶持政策，加大对半细毛羊产业的支持力度 / 132

分报告三　2023 年绒山羊产业发展调研报告

一、2023 年绒山羊养殖形势与产业发展现状 / 137
（一）绒山羊品种良种化程度较高，羊绒生产性能较为稳定 / 137
（二）调研县（旗）绒山羊存栏量较 2022 年微幅减少 / 138
（三）调研县（旗）羊绒产量较 2022 年微幅下降 / 140
（四）除巴林左旗外，调研县（旗）羊绒销售价格较 2022 年下降 / 140
（五）调研县（旗）绒山羊养殖效益有一定差异，羊绒收益占比较低 / 142
（六）绒山羊以家庭适度规模养殖为主，养殖技术水平有所提升 / 144
（七）合作社数量有限、规模较小，为社员提供服务较少 / 145
（八）调研县（旗）羊绒销售以贩子收购为主，个别地区“工牧直交”有所发展 / 146
（九）调研县（旗）绒山羊产业扶持政策存在差异 / 147
二、当前绒山羊产业发展面临的主要问题 / 150
（一）种羊场发展面临资金人才难题，保种育种功能未充分发挥 / 150
（二）羊绒销售渠道单一，“优质优价”之路任重道远 / 151
（三）养殖户片面追求产绒量，羊绒细度逐年增粗 / 151
（四）养殖人员年龄老化、受教育程度低，产业发展后劲不足 / 152
（五）绒山羊养殖专业合作社发展无起色，动力弱且联结散 / 153
（六）基层畜牧兽医人才老化，迭代更新和传帮带机制阻滞 / 154
（七）特色产业未获重点关注，政府扶持力度有限 / 155
三、促进绒山羊产业发展的对策建议 / 156
（一）多主体共同发力，助推种羊场规范发展 / 156
（二）拓宽羊绒销售渠道，规范“工牧直交”方式 / 157
（三）尽快达成遏制羊绒粗化共识，多管齐下保羊绒细度 / 158
（四）加快推动农牧民职业化，重视培育高素质农牧民 / 159
（五）推进绒山羊养殖合作社规范提升，打造示范社 / 160
（六）加强畜牧兽医人才队伍建设，推进畜牧兽医社会化服务 / 161
（七）关注绒山羊产业发展，尽量加大政策扶持力度 / 162

总报告

2023年中国绒毛用羊产业发展与政策研究报告

国家绒毛用羊产业技术体系

产业经济研究团队　营养需求与饲养标准团队
太原综合试验站　赤峰绒山羊试验站
张掖综合试验站　三角城综合试验站

2023年7—8月，国家绒毛用羊产业技术体系产业经济研究团队（简称产业经济研究团队）联合张掖综合试验站、三角城综合试验站、营养需求与饲养标准团队、太原综合试验站和赤峰绒山羊试验站，分别在甘肃、青海、云南、山西和内蒙古对绒毛用羊产业发展现状展开调研活动。其中，细毛羊选择甘肃张掖市的肃南裕固族自治县（简称肃南县）和武威市的天祝藏族自治县（简称天祝县）、青海三角城种羊场作为样本调查点，半细毛羊选择云南昭通市的巧家县、鲁甸县和永善县作为样本调查点，绒山羊选择山西忻州市的岢岚县和吕梁市的岚县、内蒙古赤峰市的巴林左旗和巴林右旗作为样本调查点。根据各调研县（旗）绒毛用羊养殖情况，分别在各样本调查点抽取农牧户进行了问卷调查，受访的农牧户均为绒毛用羊养殖和管理的主要决策者，因而调研数据具有较高的可信度。调研的样本总量为：5个省（自治区）9个县（旗）1个种羊场，175户农牧户。研究团队查阅文献资料，走访绒毛主产区农牧业主管部门，深入走访养殖户，实地了解各地区绒毛用羊生产经营状况，通过问卷、访谈、座谈等形式，围绕绒毛用羊养殖情况、成本效益情况、绒毛价格变动情况、各地政府扶持政策等方面展开调研，据此我们对绒毛用羊产业发展状况有了较为清晰的把握。基于上述调研数据，以及国家统计局、中华人民共和国海关总署（简称海关总署）、张家港羊毛交易市场的相关数据，形成本报告。本报告主要包括以下内容：细毛羊、半细毛羊和绒山羊的养殖情况及养殖成本收益，绒毛价格变动特征及原因，绒毛进出口变动情况及原因，绒毛用羊产业相关扶持政策及其评价，2024年我国绒毛用羊产业发展趋势，我国绒毛用羊产业发展过程中存在的主要问题和促进我国绒毛用羊产业发展的对策建议。

一、绒毛用羊养殖情况

本部分利用《中国统计年鉴》《中国畜牧兽医年鉴》的统计数据和产业经济研究团队在2023年度调研活动中收集整理的县级统计数据、农牧户问卷调查数据，从绒毛用羊存栏数量情况、绒毛产量情况、农牧户养殖行为和养殖意愿等角度分析2023年度我国细毛羊、半细毛羊和绒山羊的养殖情况。

（一）绒毛用羊存栏数量情况

1. 2000—2022年细毛羊存栏量呈先波动增长后波动下降趋势，2023年调研地区存栏量继续下降

2000—2022年我国细毛羊存栏量呈先波动增长后波动下降趋势①（图1）。具体来看，2000—2017年细毛羊存栏量呈波动增长趋势，从1 609.66万只增至2 392.82万只，增幅为48.65%；2017—2022年细毛羊存栏量从2 392.82万只波动下降至1 782.11万只，降幅为25.52%，禁牧减畜等草原生态保护政策执行力度增强、养殖成本上涨、养殖效益下降、肉羊冲击等是2017年以来我国细毛羊存栏量下降的主要原因。

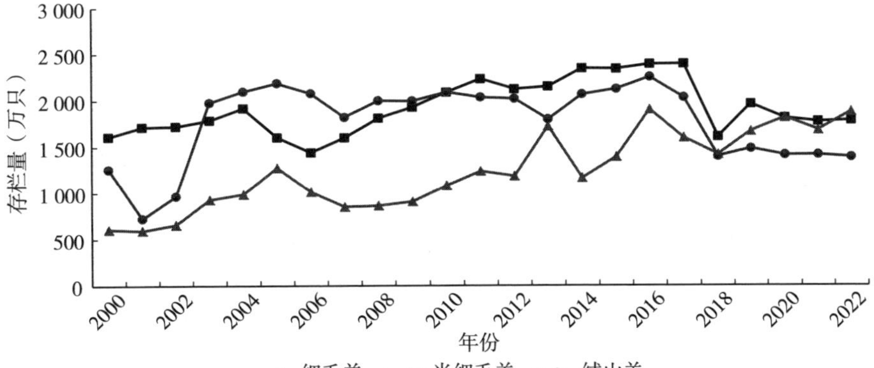

图1　2000—2022年我国绒毛用羊存栏量变化情况

数据来源：《中国畜牧兽医年鉴》。

① 我国目前无绒毛用羊及分品种的全国统计数据。由于绒毛用羊养殖区域主要集中在牧区和半牧区，故使用牧区和半牧区的细毛羊、半细毛羊、绒山羊相关数据对全国绒毛用羊养殖情况进行分析。

2023年调研地区细毛羊存栏量继续呈小幅下降趋势。调研地区细毛羊存栏总量为66.60万只，较2022年减少了2.92%。具体来看，肃南县、天祝县和三角城种羊场2023年底细毛羊存栏量分别为25.00万只、40.20万只和1.40万只，分别比2022年减少了4.94%、0.74%和22.22%（表1）。

表1　各调研地区细毛羊存栏量及变化情况

单位：万只

年份	肃南县	天祝县	三角城种羊场	合计
2022	26.30	40.50	1.80	68.60
2023	25.00	40.20	1.40	66.60
变化率（%）	−4.94	−0.74	−22.22	−2.92

数据来源：2023年甘肃、青海各调研地区农牧业主管部门统计资料。

藏系羊冲击、细羊毛和活羊价格下跌是肃南县和天祝县细毛羊养殖规模下降的主要原因。首先，细毛羊需要精细化管理，养殖方式为夏秋季放牧加冬春季舍饲，而藏系羊远牧和啃食能力强，适合全年放牧加少量补饲，饲养成本偏低、生长发育快、抗病性强。当地农牧户更倾向于养殖难度较低的藏系羊。其次，细羊毛价格持续下跌导致羊毛收益下降，如肃南县细羊毛价格从2019年的35元/千克跌至2023年的17.5元/千克，跌幅高达50.00%。羊毛收益减少挫伤了农牧户的养殖积极性，导致细毛羊养殖规模下降。最后，细毛羊活羊价格下跌也是当地存栏规模下降的原因之一，以肃南县为例，4月至5月龄出栏羔羊平均活重30千克，2022年销售价格为700元/只，而2023年销售价格仅为600元/只，活羊养殖效益亦大幅减少。活羊交易价格下跌打击了农牧户的养殖积极性，导致细毛羊养殖规模下降。此外，劳动力老龄化、饲草资源短缺、饲草料成本上涨等因素进一步削弱了细毛羊产业发展韧性。

除了受藏系羊冲击、细羊毛价格和活羊价格下降等因素影响之外，牧工自留畜清理政策也是导致三角城种羊场细毛羊养殖规模下降的主要原因。调研数据显示，三角城种羊场细毛羊养殖规模呈逐年递减趋势，从2019年的2.80万只下降至2023年的1.40万只，降幅为50.00%。多年前，因种羊场牧工自留畜数量增长导致种羊场草场超载问题日益严重，天然草场质量下降，同时牧工自留畜易串种，不利于细毛羊保种工作开展。三角城种羊场自2015年底开始对职工自留畜进行清理，职工自留畜数量大幅度减少，导致近年来当地细毛羊养殖规模呈下降趋势。

2. 2000—2022 年半细毛羊存栏量呈先波动增长经小幅下降后再波动增长趋势，2023 年调研地区存栏量小幅增长

2000—2022 年我国半细毛羊存栏量呈先波动增长经小幅下降后再波动增长趋势（图 1）。具体来看，2000—2016 年半细毛羊存栏量呈波动增长趋势，从 607.78 万只增至 1 900.50 万只，增幅为 212.70%；2016—2018 年受禁牧减畜等草原生态保护政策的影响，半细毛羊存栏量有所减少，从 1 900.50 万只减少至 1 417.25 万只，降幅为 25.43%；2018—2022 年半细毛羊存栏量呈波动增长趋势，从 1 417.25 万只增至 1 875.97 万只，增幅为 32.37%。半细毛羊养殖区域主要集中于云南、贵州、四川等地的民族地区，地方习俗、农牧户养殖习惯、新冠疫情冲击后外出务工农民返乡转产养殖半细毛羊等是 2018 年以来半细毛羊存栏量增长的主要原因。

2023 年调研地区半细毛羊存栏量总体呈增长趋势。2023 年各调研地区半细毛羊存栏总量为 11.57 万只，较 2022 年的 10.84 万只，增长了 6.73%（表 2）。具体来看，除鲁甸县外，2023 年其他调研县半细毛羊养殖规模均有所增长。其中，巧家县和永善县 2023 年底半细毛羊存栏量分别为 3.20 万只和 5.64 万只，分别比 2022 年底增加了 0.30 万只和 0.50 万只，增幅分别为 10.34%和 9.73%。鲁甸县 2023 年底半细毛羊存栏量为 2.73 万只，比 2022 年底减少 0.07 万只，降幅为 2.50%。

表 2 各调研地区半细毛羊存栏量及变化情况

单位：万只

年份	巧家县	鲁甸县	永善县	合计
2022	2.90	2.80	5.14	10.84
2023	3.20	2.73	5.64	11.57
变化率（%）	10.34	−2.50	9.73	6.73

数据来源：2023 年云南各调研地区农牧业主管部门统计资料。

巧家县和永善县半细毛羊养殖规模增长主要得益于当地良好的养殖条件和养殖户的增加。首先，巧家县和永善县均处于云南、贵州、四川三省结合部的乌蒙山区腹地，属二半山区域，其地形地貌为云南半细毛羊的养殖创造了得天独厚的条件。其中，巧家县半细毛羊养殖主要集中在赖石山和药山，永善县半细毛羊养殖主要集中在马楠乡，养殖集中区域均为高山草甸且地势平缓，有利于云南半细毛羊生产性能的发挥。其次，2020—2023 年受新冠疫情影响，当地人口流动受限，农牧民外出务工机会减少，退而返乡养殖半细毛羊，从而使得半细毛羊存栏量增长。

鲁甸县半细毛羊养殖规模下降主要受易地扶贫搬迁影响。鲁甸县半细毛羊养殖区域主要集中在转山包村，因转山包村海拔较高、交通不便、自然条件恶劣，当地政府对转山包村实施易地扶贫搬迁，多数养羊户因搬迁至安置区进行安置就业而放弃养殖半细毛羊，导致该县半细毛羊养殖规模下降。

3. 2000—2022 年我国绒山羊存栏量呈先波动增长后波动下降趋势，2023 年调研地区存栏量微幅下降

2000—2022 年我国绒山羊存栏量呈先波动增长后波动下降趋势（图 1）。具体来看，2000—2016 年绒山羊存栏量呈波动增长趋势，从 1 258.51 万只增至 2 250.23 万只，增幅为 78.80%；2016—2022 年绒山羊存栏量呈波动下降趋势，从 2 250.23 万只降至 1 386.14 万只，降幅为 38.40%，禁牧减畜等草原生态保护政策影响、养殖成本增加、羊绒价格下跌、肉羊冲击等是 2016 年以来绒山羊存栏量下降的主要原因。

2023 年调研地区绒山羊存栏量总体呈微幅下降趋势。2023 年各调研地区绒山羊存栏总量为 79.37 万只，较 2022 年的 79.99 万只，微幅下降 0.78%（表 3）。具体来看，各调研地区绒山羊存栏量变化各异，岢岚县、巴林右旗的存栏量较 2022 年小幅增加，而岚县、巴林左旗的绒山羊存栏量同比明显减少。岢岚县、巴林右旗绒山羊 2023 年底存栏量分别为 31.00 万只和 37.00 万只，较 2022 年分别增长 3.09%和 4.96%；岚县和巴林左旗 2023 年底绒山羊存栏量分别为 3.37 万只和 8.00 万只，较 2022 年底分别下降 16.79%和 24.67%。

表 3　各调研地区绒山羊存栏量及变化情况

单位：万只

年份	岢岚县	岚县	巴林右旗	巴林左旗	合计
2022	30.07	4.05	35.25	10.62	79.99
2023	31.00	3.37	37.00	8.00	79.37
变化率（%）	3.09	−16.79	4.96	−24.67	−0.78

数据来源：2023 年山西、内蒙古各调研地区农牧业主管部门统计资料。

岢岚县和巴林右旗绒山羊养殖规模增长主要得益于绒山羊养殖效益相对较高和地方政府大力扶持。一方面，近年来绵羊价格大幅下跌，使得绒山羊相对养殖效益凸显。以岢岚县为例，2022—2023年岢岚县绵羊出栏价格由32元/千克跌至22元/千克，养殖收益大幅减少，同时养殖成本不断上涨使得绵羊养殖纯收益微薄，甚至亏损。相比绵羊，2022—2023年绒山羊出栏价格仅小幅下跌，从40元/千克跌至38元/千克，养殖效益相对较高。因此，部分养殖户转产养殖绒山羊，使得绒山羊养殖数量增加。另一方面，地方政府对绒山羊产业扶持政策在一定程度上提高了农户养殖积极性，促使养殖规模扩大。其中，岢岚县每年拨付近150万元专项资金用于支持晋岚绒山羊产业的发展，巴林右旗相继出台种公羊良种补贴政策、庭院经济产业示范项目建设政策等绒山羊产业扶持措施，均有效促进了绒山羊养殖规模的扩大。

岚县绒山羊养殖规模下降的主要原因是当地“重湖羊轻绒山羊”的政策导向和养殖人员老龄化。首先，近年来岚县对湖羊扶持力度较大，部分农户转产养殖湖羊，使得绒山羊养殖规模缩小。其次，绒山羊养殖人员老龄化程度严重，高龄养殖人员陆续缩小养殖规模或退出养殖，养殖人员数量减少，导致绒山羊养殖规模下降。草原生态治理及“增牛增驴”的政策导向是巴林左旗绒山羊养殖规模下降的主要原因。巴林左旗草场禁牧政策使得绒山羊养殖方式由放牧转为全舍饲，饲草料成本及人工成本不断攀升，严重压缩了绒山羊养殖的利润空间，养殖收益下降加上地方政府对肉牛、肉驴的扶持，部分养殖人员由绒山羊转产肉牛、肉驴，导致绒山羊养殖规模下降。

（二）绒毛产量情况

1. 2000—2022年我国细羊毛产量呈先增后降趋势，2023年调研地区产量继续下降

2000—2022年我国细羊毛产量呈先波动增长后下降趋势（图2）。具体来看，2000—2017年细羊毛产量呈波动增长趋势，从11.74万吨增至12.79万吨，增幅为8.94%；2017—2022年，受存栏量下降的影响，细羊毛产量呈下降趋势，从12.79万吨降至6.88万吨，降幅为46.21%，国内羊毛市场需求低迷、全球毛纺供应链格局重塑、外贸订单转移等是2017年以来细羊毛产量快速下降的主要原因。

2023年，受细毛羊存栏数量变化影响，调研地区细羊毛产量总体呈下降

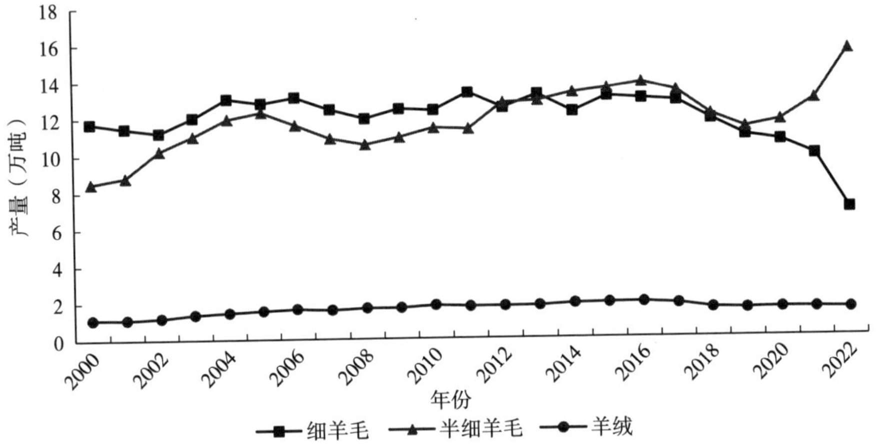

图 2　2000—2022 年我国绒毛产量变化情况

数据来源：《中国统计年鉴》。

趋势。2023 年调研地区细羊毛总产量为 2 657.10 吨，比 2022 年减少了 104.10 吨，降幅为 3.77%（表 4）。

表 4　2022—2023 年各调研地区细羊毛产量变化情况

单位：吨

年份	肃南县	天祝县	三角城种羊场	合计
2022	1 025.70	1 660.50	75.00	2 761.20
2023	987.50	1 611.60	58.00	2 657.10
变化率（%）	−3.72	−2.94	−22.67	−3.77

数据来源：2023 年甘肃、青海各调研地区农牧业主管部门统计资料。

与 2022 年相比，肃南县、天祝县和三角城种羊场的细羊毛产量均呈现下降趋势。具体来看，2023 年肃南县、天祝县和三角城种羊场的细羊毛产量分别为 987.50 吨、1 611.60 吨和 58.00 吨，与 2022 年相比分别减少了 38.20 吨、48.90 吨和 17.00 吨，降幅分别为 3.72%、2.94%和 22.67%。

2. 2000—2022 年半细羊毛产量总体呈现先增后降再增趋势，2023 年调研地区产量有所增长

2000—2022 年我国半细羊毛产量呈先波动增长后波动下降再增长趋势（图 2）。具体来看，2000—2016 年半细羊毛产量呈波动增长趋势，从 8.49 万吨增至13.80万吨，增幅为62.54%；2016—2019年半细羊毛产量有所下降，从13.80万吨降至11.33万吨，降幅为17.90%。半细羊毛产量下降主要受半细毛羊存栏量减少、半细羊毛价格下跌等因素的影响。2019—2022年受半细毛羊存栏规模扩大的影响，半细羊毛产量再次呈增长趋势，从11.33万吨增至15.50万吨，增幅为36.80%。

2023年调研地区半细羊毛产量总体呈小幅增长趋势。2023年调研地区半细羊毛总产量为288.60吨，比2022年增加了4.11吨，增幅为1.44%（表5）。受各调研地区半细毛羊存栏量变化的影响，各地的半细羊毛产量变化方向并不统一。与2022年相比，巧家县和永善县的半细羊毛产量小幅增长，鲁甸县半细羊毛产量小幅下降。具体来看，巧家县和永善县2023年半细羊毛产量分别为84.00吨和150.00吨，较2022年分别增加了2.00吨和3.51吨，增幅分别为2.44%和2.40%；鲁甸县2023年半细羊毛产量为54.60吨，较2022年下降了1.40吨，降幅为2.50%。

表5　2022—2023年各调研地区半细羊毛产量变化情况

单位：吨

年份	巧家县	鲁甸县	永善县	合计
2022	82.00	56.00	146.49	284.49
2023	84.00	54.60	150.00	288.60
变化率（%）	2.44	−2.50	2.40	1.44

数据来源：2023年云南各调研地区农牧业主管部门统计资料。

3. 2000—2022年羊绒产量呈先增后降趋势，2023年调研地区羊绒产量微幅下降

2000—2022年我国羊绒产量呈先波动增长后波动下降趋势（图2）。具体来看，2000—2016年羊绒产量呈波动增长趋势，从1.11万吨增至1.88万吨，增幅为69.37%；2016—2022年羊绒产量呈波动下降趋势，从1.88万吨降至1.46万吨，降幅为22.34%，绒山羊养殖规模下降、羊绒市场需求疲软、羊绒价格下跌、绒纺企业景气度下降等是近年来羊绒产量下降的主要原因。

2023年受绒山羊存栏量变化影响，调研地区羊绒产量总体呈微幅下降趋势。2023年各调研县（旗）羊绒产量为491.85吨，较2022年的492.39吨减少了0.54吨，降幅为0.11%（表6）。

表 6　2022—2023 年各调研地区羊绒产量及变化情况

单位：吨

年份	岢岚县	岚县	巴林右旗	巴林左旗	合计
2022	138.00	20.00	234.39	100.00	492.39
2023	145.00	18.95	247.90	80.00	491.85
变化率（%）	5.07	−5.25	5.76	−20.00	−0.11

数据来源：2023 年山西、内蒙古各调研地区农牧业主管部门统计资料。

2023 年各调研地区羊绒产量变化趋势并不统一，与 2022 年相比，岢岚县和巴林右旗的羊绒产量有所增长，岚县和巴林左旗的羊绒产量有所下降。具体来看，岢岚县和巴林右旗的羊绒产量分别由 2022 年的 138.00 吨、234.39 吨增至 2023 年的 145.00 吨、247.90 吨，同比分别增长 5.07%、5.76%；岚县和巴林左旗的羊绒产量分别由 2022 年的 20.00 吨、100.00 吨降至 2023 年的 18.95 吨、80.00 吨，同比分别下降了 5.25%、20.00%。

（三）农牧户养殖行为和养殖意愿

绒毛用羊养殖户的养殖行为和养殖意愿可以反映出他们的生产积极性，也可以反映出绒毛用羊产业是否具备进一步发展的动力。通过对农牧户调查数据的分析，2023 年绒毛用羊养殖户的养殖行为和养殖意愿呈现如下特点：

1. 大多数农牧户愿意继续从事绒毛用羊养殖

2023 年 95.45%的样本农牧户愿意继续从事绒毛用羊养殖，最主要的原因是养羊已经成为农牧户的生活习惯，这些农牧户基本没有其他收入来源，且认为绒毛用羊养殖经济效益预期较好。此外，部分农牧户不想闲置草场资源、养殖人员老龄化也对其养殖绒毛用羊意愿有一定影响。4.55%的样本农牧户不愿意继续从事绒毛用羊养殖，当地的易地搬迁政策及光伏项目征地使这部分农牧户搬迁弃养或转业弃养。此外，家庭成员不愿意从事养殖也是限制农牧户养殖绒毛用羊的原因之一（表 7）。

分品种来看，细毛羊、半细毛羊和绒山羊样本户中打算继续从事绒毛用羊养殖活动的农牧户所占比例有所不同，继续从事养殖活动的原因排序也略有不同。从细毛羊样本户情况看，2023 年 95.24%的农牧户愿意继续从事细毛羊养殖。其中，95.00%的农牧户表示因没有其他收入来源，故而选择继续养羊；

60.00%的农牧户表示自参加农业劳动以来就开始从事细毛羊养殖，养羊已经成为他们的生活习惯，无法放弃；还有30.00%的农牧户认为有草场资源，不想闲置，因此选择继续养羊。

表7　样本农牧户从事绒毛用羊养殖的意愿及原因情况（多选，%）

意愿及原因	全部养殖户	细毛羊养殖户	半细毛羊养殖户	绒山羊养殖户
打算继续养殖绒毛用羊	95.45	95.24	95.00	96.08
养殖经济效益预期较好	15.20	0.00	3.51	35.42
养羊已经成为生活习惯	60.80	60.00	54.39	68.75
没有其他收入来源	58.40	95.00	59.65	41.67
有草场资源，不想闲置	34.40	30.00	52.63	14.58
其他原因	1.60	0.00	1.75	2.08
打算放弃养殖绒毛用羊	4.55	4.76	5.00	3.92
活羊价格偏低	0.00	0.00	0.00	0.00
绒毛价格偏低	0.00	0.00	0.00	0.00
养殖成本较高	0.00	0.00	0.00	0.00
其他畜禽品种养殖收入高	0.00	0.00	0.00	0.00
非农行业工资水平高	0.00	0.00	0.00	0.00
禁牧政策的限制	0.00	0.00	0.00	0.00
年龄偏大	0.00	0.00	0.00	0.00
其他家庭成员不愿从事养殖	33.33	100.00	0.00	50.00
其他原因	66.67	0.00	100.00	50.00

数据来源：2023年度产业经济研究团队农牧户问卷。

从半细毛羊样本户情况看，2023年95.00%的农牧户愿意继续从事半细毛羊养殖。其中，59.65%的农牧户由于没有其他收入来源，选择继续养羊；54.39%的农牧户表示自参加农业劳动以来就开始从事半细毛羊养殖，养羊已经成为他们的生活习惯，无法放弃；52.63%的农牧户认为有草场资源，不想闲置，因此选择继续养羊；还有3.51%的农牧户表示半细毛羊养殖经济效益预期较好，因此选择继续养羊。

从绒山羊样本户情况看，96.08%的农牧户愿意继续从事绒山羊养殖。其中，68.75%的农牧户表示经过世代相传延续至今，养殖绒山羊早已成为他们的生活习惯；41.67%的农牧户表示除绒山羊养殖收入外没有其他收入来源，为维持家庭生计，只能继续养殖绒山羊；另有35.42%的农牧户预期养殖经济效益较好，愿意继续从事养殖；还有14.58%的农牧户认为有草场资源，不想闲置，因此选择继续养殖绒山羊。

2. 草场条件和活羊价格是多数养殖户确定养殖规模时考虑的主要因素

调研数据显示，首先，草场条件（草场面积大小、牧草长势等）和活羊价格是绒毛用羊养殖户在确定养殖规模时考虑的主要因素，受其影响的养殖户占全部养殖户的比例分别为55.73%和41.22%。其次，由于劳动力转移、劳动力老龄化导致的劳动力不足，使得家庭劳动力数量成为绒毛用羊养殖户比较关注的因素，关注这一因素的养殖户占比29.77%。再次，绒毛价格也是影响绒毛用羊养殖户养殖规模的重要因素之一，受该因素影响的养殖户占全部养殖户的比例为27.48%。同时，随着饲草、精饲料等养殖成本上涨，26.72%的养殖户在确定养殖规模时会慎重考虑养殖成本带来的影响。此外，养殖户扩大养殖规模需要增加机械设备、圈舍、劳动力等要素投入，因此家庭自有资金的多少也成为养殖户决定养殖规模时主要考虑的因素，考虑该因素的养殖户占全部养殖户的比例为24.43%。政府扶持政策、养殖管理技术等也对养殖户养殖规模的确定具有一定影响。

分不同养殖品种看，草场条件是细毛羊养殖户考虑养殖规模时的首要影响因素，占比达80.95%；活羊价格、养殖成本是影响细毛羊养殖户养殖规模的次要因素，选择这2项因素的养殖户占样本总量的比例均为47.62%。草场条件和家庭自有资金的多少是影响半细毛羊养殖户养殖规模的主要因素，选择这2项因素的养殖户占样本总量的比例分别为70.00%和35.00%。影响绒山羊养殖户养殖规模的首要因素和次要因素分别是活羊价格与绒毛价格，选择这2项因素的养殖户占样本总量的比例分别为60.00%和50.00%（表8）。

表8　影响样本农牧户养殖规模的主要因素（多选，%）

影响因素	全部养殖户	细毛羊养殖户	半细毛羊养殖户	绒山羊养殖户
活羊价格	41.22	47.62	23.33	60.00
绒毛价格	27.48	28.57	8.33	50.00
养殖成本	26.72	47.62	15.00	32.00
家庭自有资金的多少	24.43	9.52	35.00	18.00
家庭劳动力数量	29.77	28.57	31.67	28.00

（续）

影响因素	全部养殖户	细毛羊养殖户	半细毛羊养殖户	绒山羊养殖户
草场面积大小及牧草长势	55.73	80.95	70.00	28.00
养殖技术水平	1.53	0.00	0.00	4.00
养殖管理知识	2.29	0.00	0.00	6.00
政府扶持政策	6.87	9.52	3.33	10.00
其他因素	9.16	9.52	3.33	16.00

数据来源：2023年度产业经济研究团队农牧户问卷。

3. 少数养殖户打算扩大养殖规模，大多数养殖户不打算扩大养殖规模

调研数据显示，39.23%的养殖户打算扩大养殖规模，60.77%的养殖户不打算扩大养殖规模。分不同品种来看，细毛羊样本户中打算扩大养殖规模的养殖户占比为23.81%。其中，80.00%的细毛羊养殖户表示其收入来源单一，需要靠扩大细毛羊养殖规模增加收入，因而计划继续扩大细毛羊养殖规模；20.00%的养殖户拥有较多草地、劳动力、资金等资源，因此准备扩大细毛羊养殖规模。76.19%的细毛羊样本户不打算扩大细毛羊养殖规模。其中，68.75%的细毛羊养殖户由于草场面积有限，不能扩大养殖规模；50.00%的养殖户由于活羊预期价格偏低而不愿意扩大养殖规模；还有部分养殖户因缺乏劳动力及养殖成本较高而不愿意扩大养殖规模（表9）。

表9　样本农牧户对扩大养殖规模的不同意愿及原因情况（多选，%）

意愿及原因	全部养殖户	细毛羊养殖户	半细毛羊养殖户	绒山羊养殖户
打算扩大养殖规模	39.23	23.81	49.15	34.00
活羊预期价格较好	33.33	0.00	6.90	88.24
绒毛预期价格较好	27.45	0.00	0.00	82.35
拥有较多资源（草地、劳动力、资金等）	15.69	20.00	10.34	23.53
政府加大了资金、技术等扶持力度	0.00	0.00	0.00	0.00
其他原因	58.82	80.00	86.21	5.88
不打算扩大养殖规模	60.77	76.19	50.85	66.00
活羊预期价格偏低	26.25	50.00	9.68	30.30

（续）

意愿及原因	全部养殖户	细毛羊养殖户	半细毛羊养殖户	绒山羊养殖户
绒毛预期价格偏低	15.00	31.25	0.00	21.21
养殖成本较高	16.25	18.75	0.00	30.30
缺乏资金	11.25	6.25	12.90	12.12
缺乏劳动力	26.25	37.50	3.23	42.42
草场面积有限	60.00	68.75	90.32	27.27
养殖技术水平落后	0.00	0.00	0.00	0.00
缺乏养殖管理知识	0.00	0.00	0.00	0.00
政府扶持力度较弱	0.00	0.00	0.00	0.00
禁牧政策的限制	13.75	0.00	3.23	30.30
其他原因	12.50	18.75	3.23	18.18

数据来源：2023年度产业经济研究团队农牧户问卷。

半细毛羊样本户中打算扩大养殖规模的养殖户占比为49.15%。其中，86.21%的养殖户表示其收入来源单一，增加养殖数量是其增加收入最切实可行的方式，故而选择扩大半细毛羊养殖规模；17.24%的养殖户认为活羊预期价格较好、拥有较多的资源，因此愿意扩大养殖规模。50.85%的半细毛羊样本户不打算扩大养殖规模，最主要原因是样本户草场面积有限和缺乏资金，选择这2项因素的养殖户占比分别为90.32%和12.90%。

绒山羊样本户中打算扩大养殖规模的养殖户占比为34.00%，最主要原因是看好未来绒山羊养殖收益。其中，有88.24%的养殖户预计未来活羊价格走高，有82.35%的养殖户预计未来羊绒价格走高，这些养殖户认为扩大规模有助于增加收入。有66.00%的绒山羊样本户不打算扩大养殖规模。其中，42.42%的养殖户是因为缺乏劳动力而不愿扩大养殖规模；养殖成本较高、活羊预期价格偏低和禁牧政策的限制也是养殖户不愿扩大养殖规模的重要原因，选择这3项原因的养殖户占比均为30.30%。

二、绒毛用羊养殖成本收益

绒毛用羊养殖的成本收益直接影响着养殖户的生产积极性，进而影响到我国羊毛、羊绒原料的市场供给和我国绒毛用羊产业的健康发展。本部分利用产业经济研究团队 2023 年 7—8 月绒毛用羊农牧户调研数据，从绒毛用羊养殖总收益、养殖总成本和养殖纯收益（出栏口径）3 个方面分析我国绒毛用羊养殖成本效益情况。

（一）养殖总收益

养殖总收益指农牧户的出栏羊在整个出栏周期内实现的总收入，本报告中绒毛用羊养殖总收益主要由绒毛产值①、出栏羊收入和其他副产品收入② 3 部分组成。

1. 细毛羊、半细毛羊和绒山羊养殖总收益分别为平均每只 940.89 元、994.20 元和 1 659.71 元

根据农牧户调研数据，2023 年调研地区细毛羊、半细毛羊和绒山羊的养殖总收益分别为平均每只 940.89 元、994.20 元和 1 659.71 元。绒山羊养殖总收益最高，细毛羊养殖总收益最低。

2. 细毛羊、半细毛羊和绒山羊的养殖总收益皆以出栏羊收入为主，绒毛产值所占比例相对较小

从收益构成情况来看，细毛羊、半细毛羊和绒山羊的绒毛产值分别为每只 55.00 元、14.84 元和 258.33 元，在各自总收益中所占比例分别为 5.85%、1.49%和 15.56%；绒山羊的绒毛产值及其在总收益中所占比例显著高于其他 2 个羊种。细毛羊、半细毛羊和绒山羊的出栏羊收入分别为每只 882.83 元、976.77 元和 1 401.38 元，在各自总收益中所占比例分别为 93.83%、98.25%和 84.44%，出栏羊收入仍是养殖总收益的主要构成部分（表 10）。

表 10　2023 年调研地区农牧户绒毛用羊总收益及构成情况

项目	养殖收益（元/只）			养殖收益构成比例（%）		
	细毛羊	半细毛羊	绒山羊	细毛羊	半细毛羊	绒山羊
绒毛产值	55.00	14.84	258.33	5.85	1.49	15.56
出栏羊收入	882.83	976.77	1 401.38	93.83	98.25	84.44

① 绒毛产值指绒毛用羊养殖周期内所产羊绒和羊毛的产值。其中，已经销售的按照实际收入计算，养殖周期内所产羊绒和羊毛但尚未销售的则视同销售，按平均市场价格折算。

② 其他副产品收入指除绒毛产值和出栏羊收入以外的收入。

（续）

项目	养殖收益（元/只）			养殖收益构成比例（%）		
	细毛羊	半细毛羊	绒山羊	细毛羊	半细毛羊	绒山羊
其他副产品收入	3.06	2.59	0.00	0.32	0.26	0.00
养殖总收益合计	940.89	994.20	1 659.71	100.00	100.00	100.00

数据来源：2023年度产业经济研究团队农牧户问卷数据整理计算而得。

（二）养殖总成本

养殖总成本指养殖户在整个出栏周期内耗费的现金、实物、劳动力和土地等所有资源的成本。本报告中绒毛用羊养殖总成本包括幼畜购进费（羔羊折价）、精饲料费、饲草费、饲盐费、医疗防疫费、雇工费、水电燃料费、死亡损失费分摊、草场租赁费、修理维护费、固定资产折旧及其他费用。

1. 细毛羊、半细毛羊和绒山羊养殖总成本分别为每只642.48元、586.65元和1 080.37元

根据农牧户调研数据，按出栏口径核算方法，整理计算得出：2023年调研地区细毛羊、半细毛羊和绒山羊的养殖总成本分别为每只642.48元、586.65元和1 080.37元，绒山羊养殖总成本最高，半细毛羊养殖总成本最低。

2. 细毛羊、半细毛羊和绒山羊养殖总成本的主要构成项目为幼畜购进费(羔羊折价)、精饲料费、饲草费、固定资产折旧和死亡损失费分摊

从养殖总成本构成情况来看，细毛羊、半细毛羊和绒山羊幼畜购进费（羔羊折价）分别为每只320.58元、425.83元和585.08元，在各自总成本中所占比例分别为49.90%、72.59%和54.16%；精饲料费分别为每只145.15元、73.56元和273.12元，在各自总成本中所占比例分别为22.59%、12.54%和25.28%；饲草费分别为每只69.40元、23.36元和76.55元，在各自总成本中所占比例分别为10.80%、3.98%和7.09%；固定资产折旧分别为每只41.68元、21.00元和40.06元，在各自总成本中所占比例分别为6.49%、3.58%和3.71%；死亡损失费分摊分别为每只21.36元、18.63元和43.25元，在各自总成本中所占比例分别为3.32%、3.18%和4.00%（表11）。

表 11 2023 年调研地区农牧户绒毛用羊总成本及构成情况

项目	养殖总成本（元/只）			养殖总成本构成比例（%）		
	细毛羊	半细毛羊	绒山羊	细毛羊	半细毛羊	绒山羊
幼畜购进费（羔羊折价）	320.58	425.83	585.08	49.90	72.59	54.16
精饲料费	145.15	73.56	273.12	22.59	12.54	25.28
饲草费	69.40	23.36	76.55	10.80	3.98	7.09
饲盐费	0.74	6.87	4.45	0.11	1.17	0.41
医疗防疫费	8.23	10.88	24.81	1.28	1.85	2.30
水电燃料费	4.01	0.61	4.29	0.62	0.10	0.40
死亡损失费分摊	21.36	18.63	43.25	3.32	3.18	4.00
修理维护费	5.89	4.95	7.59	0.92	0.84	0.70
草场租赁费	12.43	0.74	8.76	1.93	0.13	0.81
固定资产折旧	41.68	21.00	40.06	6.49	3.58	3.71
雇工费	11.11	0.16	12.31	1.73	0.03	1.14
其他	1.90	0.06	0.10	0.31	0.01	0.00
养殖总成本合计	642.48	586.65	1 080.37	100.00	100.00	100.00

数据来源：2023 年度产业经济研究团队农牧户问卷数据整理计算而得。

（三）养殖纯收益和成本收益率

养殖纯收益为养殖总收益和养殖总成本的差值，反映了养殖周期内养殖户养殖绒毛用羊的净收益情况；成本收益率为养殖纯收益和养殖总成本的比值，反映了农牧户在一定成本投入水平上的获利能力。其计算公式分别为：

养殖纯收益＝养殖总收益－养殖总成本

成本收益率＝养殖纯收益/养殖总成本×100％

绒山羊养殖纯收益水平最高、半细毛羊成本收益率最高，细毛羊养殖纯收益水平及成本收益率相对较低。根据农牧户调研数据，按出栏口径核算方法，整理计算得出：2023 年调研地区细毛羊、半细毛羊和绒山羊的养殖纯收益分别为每只 298.41 元、407.55 元和 579.34 元，成本收益率分别为 46.45％、69.47％和 53.62％（表 12）。虽然半细毛羊养殖纯收益低于绒山羊的养殖纯收益，但半细毛羊的养殖总成本与绒山羊的养殖总成本相比，其差距远远大于纯收益的差距，导致半细毛羊成本收益率要高于绒山羊成本收益率。

表 12　2023 年调研地区农牧户绒毛用羊纯收益情况

单位：元/只

项目	细毛羊	半细毛羊	绒山羊
养殖收益	940.89	994.20	1 659.71
养殖成本	642.48	586.65	1 080.37
养殖纯收益	298.41	407.55	579.34
成本收益率（%）	46.45	69.47	53.62

数据来源：2023 年度产业经济研究团队农牧户问卷数据整理计算而得。

三、绒毛价格变动特征及原因

受国际政治经济形势和市场供需变化等多重因素影响，我国羊毛、羊绒市场价格近年来不断下跌。2023 年，全球经济复苏缓慢、绒毛制品消费需求低迷，我国羊毛、羊绒市场价格继续下行。本部分通过张家港羊毛市场、中国畜产品流通协会、中国纺织工业联合会、绒易通平台的数据，结合产业经济研究团队的调研数据，总结我国绒毛价格变动特征，并进一步分析了我国羊毛、羊绒价格变动的原因。

（一）羊毛价格变动特征及原因

1. 羊毛价格变动特征

（1）2002—2022 年国内羊毛价格呈先波动增长后快速下行趋势，2023 年调研地区羊毛价格继续下降

2002—2022 年，国内羊毛价格[①]呈先波动增长后快速下行趋势（图 3）。2002—2006 年，国内羊毛价格维持在 12.50 元/千克左右。2007—2018 年，受世界经济形势和市场供需变化影响，国内毛纺加工制造业快速发展，羊毛价格大幅上涨，国内羊毛价格从 2007 年的 19.23 元/千克波动上涨至 2018 年的 26.18 元/千克。自 2019 年开始，受新冠疫情冲击带来的物流阻断、国内外羊毛制品消费需求低迷和国内毛纺企业去库存缓慢等因素影响，羊毛价格转入下

① 《全国农产品成本收益资料汇编》自 2002 年起收录改良绵羊的羊毛销售价格，羊毛主要包括细羊毛、半细羊毛，本部分采用改良绵羊的羊毛价格分析国内羊毛原料价格。

行阶段，2022 年已经跌至 14.07 元/千克。

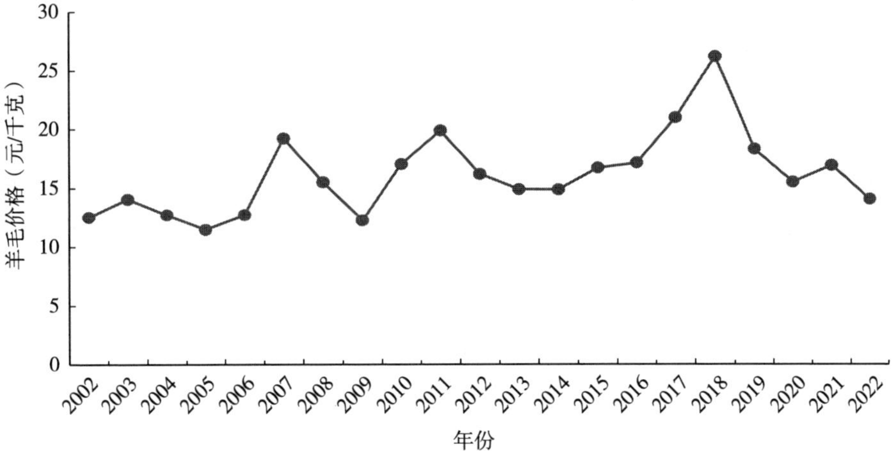

图 3　2002—2022 年羊毛价格变动情况

数据来源：《全国农产品成本收益资料汇编》。

2023 年，国内各调研地区的细羊毛和半细羊毛销售价格均较 2022 年明显下降。根据产业经济研究团队调研数据，2023 年肃南县、天祝县和三角城种羊场的细羊毛平均价格分别为 17.50 元/千克、10.00 元/千克和 18.50 元/千克，较 2022 年分别下降了 27.08%、23.08%和 2.63%。2023 年巧家县、鲁甸县和永善县的半细羊毛平均价格分别为 3.00 元/千克、8.00 元/千克和 8.00 元/千克，较 2022 年分别下降了 25.00%、20.00%和 20.00%（表 13）。

表 13　2022—2023 年各调研地区羊毛平均价格

单位：元/千克

品种	调研地区	2022 年	2023 年	变化率（%）
细羊毛	肃南县	24.00	17.50	−27.08
	天祝县	13.00	10.00	−23.08
	三角城种羊场	19.00	18.50	−2.63
半细羊毛	巧家县	4.00	3.00	−25.00
	鲁甸县	10.00	8.00	−20.00
	永善县	10.00	8.00	−20.00

数据来源：2023 年产业经济研究团队调研数据。

(2) 国毛条价格总体呈现波动下行态势，2023 年国毛条价格继续下降

2011 年以来，国毛条总体呈现波动下行态势[①]。国毛条 66S、64S 的平均价格分别从 2011 年的 93.83 元/千克、79.62 元/千克波动下降至 2023 年的 70.17 元/千克、48.98 元/千克，降幅分别为 25.22%、38.48%（图 4）。具体来看，2011—2014 年，随着我国经济进入新常态和世界经济的低速增长，国毛条 66S、64S 的价格分别从 2011 年的 93.83 元/千克、79.62 元/千克持续下降至 2014 年的 73.35 元/千克、62.89 元/千克；2015 年起，随着全球经济稳健复苏和国际市场需求回暖，加上国内羊毛生产条件的改善和销售方式的改进，羊毛价格明显上升，2018 年国毛条 66S、64S 的价格分别升至 110.49 元/千克、95.58 元/千克，为 2011 年以来最高水平。2019 年起，受国际政治经济环境、新冠疫情冲击等多重超预期因素影响，羊毛价格再次呈现下行态势。

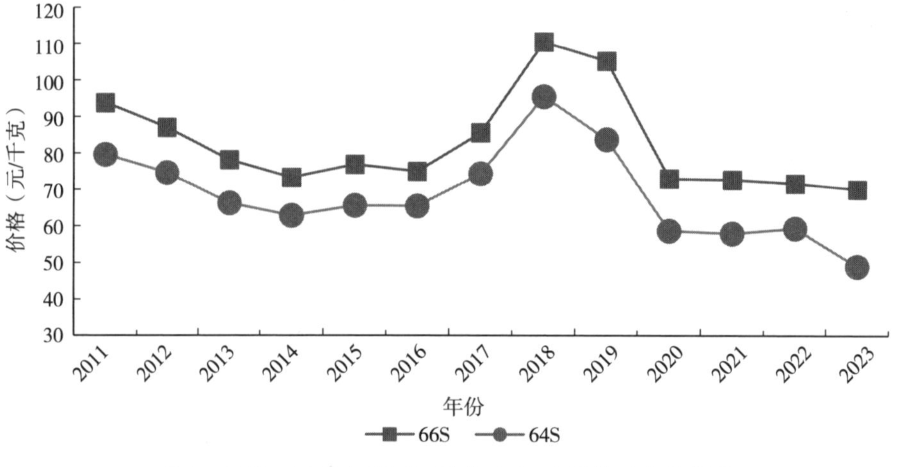

图 4　2011—2023 年我国国毛条 64S、66S 价格变化情况
数据来源：张家港羊毛市场（中国羊毛信息网）。

2023 年，国毛条 66S、64S 的价格继续低位运行，且均价低于 2022 年（图 5）。通过计算可知，2023 年国毛条 66S 的平均价格为 70.17 元/千克，较 2022 年的 71.75 元/千克下降了 2.20%。2023 年国毛条 64S 的平均价格为 48.98 元/千克，较 2022 年的 59.43 元/千克下降了 17.58%。

① 张家港羊毛市场（中国羊毛信息网）收录了 2011 年 1 月以来的羊毛价格信息，因此本部分对 2011 年以来的羊毛价格变动情况进行分析。

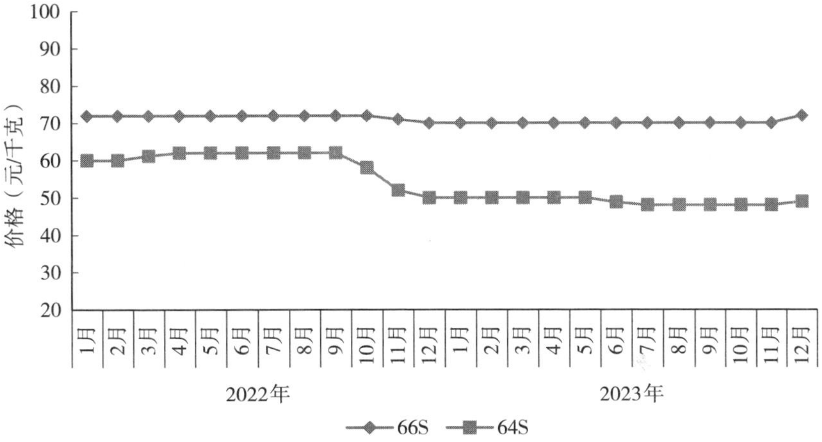

图 5　2022 年 1 月—2023 年 12 月国毛条 66S、64S 价格变化情况
数据来源：张家港羊毛市场（中国羊毛信息网）。

（3）澳毛条价格呈现波动下行态势，2023 年多数澳毛条价格略有回升，但依然处于低位

2011 年以来，澳毛条总体呈现波动下行态势。澳毛条 70S、66S 和 64S 的平均价格分别从 2011 年的 136.29 元/千克、120.24 元/千克和 110.32 元/千克波动下降至 2023 年的 94.18 元/千克、86.45 元/千克和 82.39 元/千克，降幅分别为 30.90%、28.10%和 25.32%（图 6）。具体来看，2011—2015 年，澳毛条 70S、66S 和 64S 的价格分别从 2011 年的 136.29 元/千克、120.24 元/千克和 110.32 元/千克持续下降至 2015 年的 88.04 元/千克、85.05 元/千克和 83.15 元/千克；随着全球经济稳健复苏和国际市场需求的增长，羊毛价格明显上升，2018 年澳毛条 70S、66S、64S 的价格分别升至 144.68 元/千克、136.95 元/千克、134.36 元/千克，为近十年来最高水平。2019 年，受新冠疫情带来的物流中断、贸易停滞等影响，澳毛条市场价格大幅下降。此后，全球经济遭遇疫情反复、地缘冲突，多国金融环境普遍收紧，通胀压力持续推高，滞涨风险不断积累，国际政治经济形势更趋复杂，澳毛条市场价格持续低位运行。

2023 年，澳毛条 70S、66S、64S 的价格年内均呈现波动下降趋势，多数型号的澳毛条平均价格较 2022 年略有上涨，但仍然维持较低水平。澳毛条 70S 是价格最高的品种，其价格由 2023 年 1 月的 100.25 元/千克小幅升

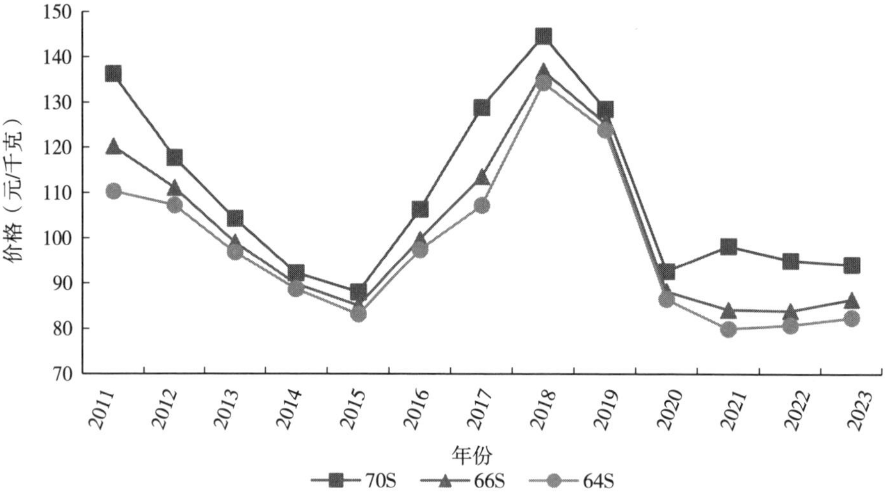

图 6　2011—2023 年澳毛条 70S、66S、64S 价格变化情况

数据来源：张家港羊毛市场（中国羊毛信息网）。

至 2 月的 103.38 元/千克，此后又持续下降至 6 月的 91.50 元/千克，7 月小幅上涨后再次转入下行通道，持续下降至 10 月的 87.25 元/千克，年末再次小幅上涨至 12 月的 92.50 元/千克。通过计算可知，2023 年澳毛条 70S 的平均价格为 94.18 元/千克，较 2022 年的 95.07 元/千克下降了 0.94%。

澳毛条 66S 的价格仅次于澳毛条 70S，其价格由 2023 年 1 月的 90.50 元/千克上涨至 2 月的 94.00 元/千克，此后持续下降至 6 月的 81.75 元/千克，7 月小幅上涨后再次下降至 10 月的 82.00 元/千克，年末再次小幅上涨至 12 月的 87.00 元/千克。通过计算可知，2023 年澳毛条 66S 的平均价格为 86.45 元/千克，比 2022 年的 83.93 元/千克上涨 3.00%。

澳毛条 64S 的价格由 2023 年 1 月的 84.25 元/千克上涨至 2 月的 86.75 元/千克，此后持续下降至 6 月的 78.00 元/千克，7 月小幅上涨后再次持续下降至 10 月的 79.00 元/千克，年末再次小幅上涨至 12 月的 83.50 元/千克。通过计算可知，2023 年澳毛条 64S 的平均价格为 82.39 元/千克，比 2022 年的 80.75 元/千克上涨了 2.03%（图 7）。

2. 2023 年羊毛价格变动的原因

2023 年，羊毛价格总体呈现缓慢下降态势，主要原因在于以下几个方面：

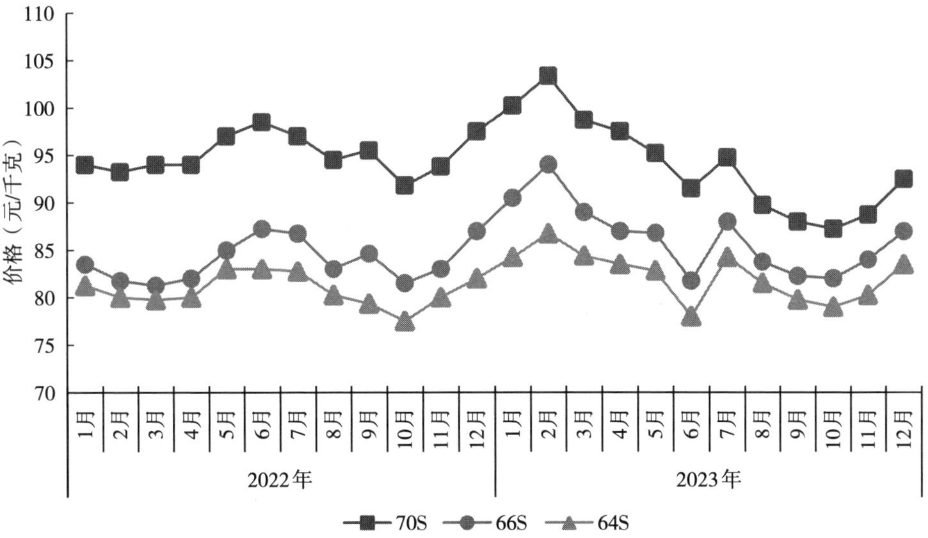

图 7　2022 年 1 月—2023 年 12 月澳毛条 70S、66S、64S 价格变化情况

数据来源：张家港羊毛市场（中国羊毛信息网）。

（1）全球经济增速放缓，羊毛消费需求疲软导致其价格下行

2023 年，全球经济持续从新冠疫情、俄乌冲突和能源危机的冲击中复苏。为了应对高水平的通胀，多个国家收紧了货币政策。各国经济增长缓慢而且不均衡，分化趋势日益明显。根据国际货币基金组织（IMF）发布的数据①，2023 年全球经济增长 3.10%，较 2022 年的 3.50%减少了 0.4 个百分点。其中，发达经济体随着政策收紧开始产生负面影响，预测发达经济体的 GDP 增速为 1.60%，较 2022 年减少 1.0 个百分点。美国的 GDP 增速为 2.50%，较 2022 年增长 0.6 个百分点，英国和欧元区的 GDP 增速均为 0.50%，分别较 2022 年下降了 3.8 个百分点和 2.9 个百分点。新兴市场和发展中经济体的 GDP 增速为 4.10%，与 2022 年持平，其中亚洲新兴市场和发展中经济体的 GDP 增速为 5.40%，较 2022 年增加 0.9 个百分点。此外，全球商品需求明显下降。日本海事中心数据显示，2023 年从亚洲发往美国的海运集装箱数量同比下降 20%～30%；美国标普全球大宗商品公司海运分析人士提出，后疫情时代消费需求已经从商品转向旅游等服务业。商品需求不足导致全球制造业疲

① 国际货币基金组织（IMF）数据来源于其在 2024 年 1 月发布的《世界经济展望》。

软，2024 年 1 月 2 日摩根大通集团（J. P. Morgan Chase & Co）、标普全球（S & P Global）、美国供应管理协会（ISM）、国际采购与供应管理联盟（IF-PSM）联合公布 2023 年 12 月份全球制造业采购经理指数（PMI），且 PMI 已经连续 16 个月低于 50。世界贸易组织（WTO）于 2023 年 10 月发布的《全球贸易展望和统计》中指出，世界经济受到多重冲击，全球贸易从 2022 年第四季度以来持续低迷，2023 年全球货物贸易增长预测下调至 0.80%。全球主要的毛纺消费市场的复苏形势并不明朗。2023 年欧盟毛纺产品消费形势持续下降，美国、日本等市场上半年小幅增长，下半年回落。2023 年 8 月美国、日本等主要毛纺消费国家的零售消费额环比分别微增 0.60%、0.10%，欧盟零售消费额环比下滑 0.90%，均较前期消费明显回落。我国毛纺制成品市场形势受到终端消费市场形势及地缘政治因素等影响，全年表现较为疲软。中国纺织工业联合会数据显示，2023 年国内毛纺原料与制品进出口总额约 162 亿美元，同比下降 2.70%。其中，毛纺原料与制品的出口额为 121 亿美元，同比下降 1.40%；进口额为 41 亿美元，同比下降 6.30%。羊毛条、毛织物、羊毛衫及毛毯的出口额分别同比下降 2.00%、9.00%、5.00%和 2.00%。受到全球经济增速放缓、羊毛消费需求低迷的影响，2023 年内羊毛价格呈现下行态势。

（2）国内毛纺企业生产与经营压力增加导致羊毛原料价格下跌

2023 年，我国毛纺行业面临的外部环境依然复杂严峻，全球贸易复苏乏力，国内居民消费能力和消费意愿仍有待提高，市场需求不足、行业竞争加剧和企业资金紧张使得国内毛纺企业生产经营的压力依然较大。根据中国工业和信息化部数据，2023 年 1—11 月，规模以上纺织企业工业增加值同比下降 1.60%；营业收入 42 219 亿元，同比下降 1.50%；利润总额 1 447 亿元，同比下降 0.90%。规模以上企业纱、布产量同比分别下降 0.90%、3.80%。根据中国纺织工业协会统计数据，2023 年 1—11 月，规模以上毛纺织及染整精加工企业的产成品库存同比增长 3.00%，占流动资产的比重进一步上升，达 21.00%，毛纺产品生产与销售的衔接仍待进一步顺畅。2023 年 1—11 月，规模以上毛纺织及染整精加工企业中亏损企业亏损面高达 28.80%[①]。企业面临的生产与经营压力仍然存在。2023 年 1—11 月，毛纺原料与制品出口总额为

① 2023 年 1—11 月毛纺行业运行情况（https://business.sohu.com/a/751278915_121119291）。

112.50亿美元，较2022年同期下降1.00%。各类企业普遍面临去库存缓慢、成本上涨等困难，生产规模有所缩减。根据国家统计局数据，2023年前三季度，全国纺织业产能利用率为76.40%，较2022年同期回落1.2个百分点左右。2023年1—11月，规模以上企业毛织物产量同比下滑6.20%。随着企业生产缩减，羊毛原料需求亦相应减少，导致羊毛原料价格下降。

（3）全球毛纺产业链趋势性调整导致羊毛价格年内缓慢下行

受国际政治经济形势变化以及科技创新与产业变革协同演进的影响，全球供应链正在经历趋势性的大变化。毛纺行业作为高度全球化分工和区域化产业合作的行业，近年来全球产业链不断调整，东南亚等新兴市场和发展中经济体承接发展产业链配套支持。2023年，我国纺织服装产品在美国、欧盟市场的进口份额均有下调。根据美国商务部数据，2023年1—11月，美国纺织服装进口额为1 129.5亿美元，同比下降22.4%，其中自中国进口额为291.5亿美元，下降26.2%。据欧盟统计局数据，2023年1—10月，欧盟服装进口额为803亿美元，同比下降14.5%，其中自中国进口额为227.3亿美元，同比下降28.3%。在世界经济复苏动力不足、局部冲突和动荡频发的大背景下，全球的纺织供应链面临着不确定的发展因素，复苏压力重重，毛纺行业全年发展形势趋于平缓导致年内羊毛价格缓慢下行。

（二）羊绒价格变动特征及原因

1. 羊绒价格变动特征

（1）2002—2022年羊绒原料价格呈先波动增长后震荡下行的趋势，2023年大部分调研地区羊绒价格继续下降

2002年以来，羊绒原料价格波动较为频繁①，总体呈先波动增长后震荡下行的趋势（图8）。具体来看，2002—2013年，随着国内外市场对羊绒及其制品需求的增加以及国内羊绒加工制造业的兴起，国内羊绒市场需求旺盛，虽然其间受金融危机影响，羊绒价格曾出现过小幅回落，但是随着世界经济复苏，羊绒价格总体呈现波动上涨态势，由2002年的111.43元/千克增长至2013年的329.90元/千克。2013年起，受中美贸易冲突、世界经济形势不景气和新

① 《全国农产品成本收益资料汇编》自2002年起收录羊绒收购价格，因此本部分对2002年以来的羊绒价格变动情况进行分析。

冠疫情等因素影响，羊绒制品加工企业的原料需求受到抑制，羊绒价格表现出震荡下行态势，羊绒价格由 2013 年的 329.90 元/千克震荡下行至 2022 年的 263.00 元/千克。

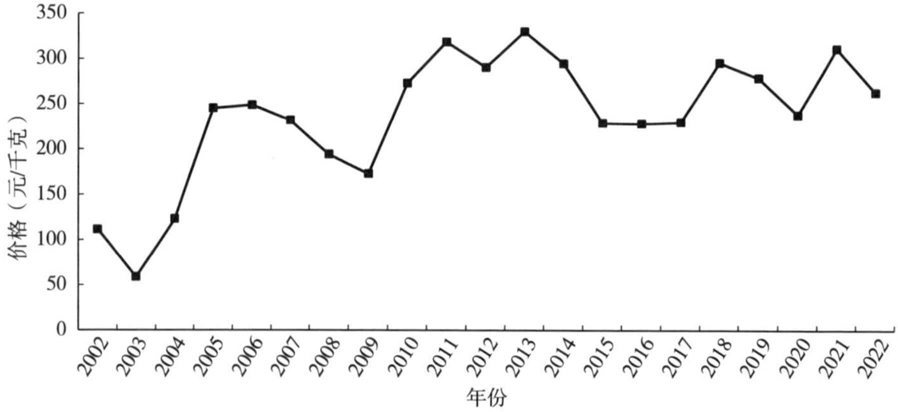

图 8　2002—2022 年羊绒价格变动情况

数据来源：《全国农产品成本收益资料汇编》。

2023 年，除巴林左旗外，各调研地区羊绒销售价格较 2022 年同期相比均有所下降。具体来看，岢岚县羊绒销售价格同比降幅最大，2023 年岢岚县的羊绒销售价格为 200.00 元/千克，较 2022 年的 220.00 元/千克下降了 9.09%；其次是岚县，岚县 2023 年的羊绒销售价格为 200.00 元/千克，较 2022 年的 215.00 元/千克下降了 6.98%；最后是巴林右旗，2023 年巴林右旗的羊绒销售价格为 230.00 元/千克，较 2022 年的 240.00 元/千克下降了 4.17%（表 14）。

表 14　2022—2023 年各调研地区羊绒销售价格

单位：元/千克

调研地区	2022 年	2023 年	增减变动（%）
岢岚县	220.00	200.00	−9.09
岚县	215.00	200.00	−6.98
巴林右旗	240.00	230.00	−4.17
巴林左旗	212.00	220.00	3.77

数据来源：各调研县（旗）畜牧兽医部门统计资料。

注：表格中羊绒价格为套子绒价格。

（2）2023 年无毛绒价格稳中有降，均价低于 2022 年

2023 年，我国无毛绒价格整体呈现出稳中有降的态势（图 9）。通过计算可知，2023 年我国无毛绒平均价格为 71.73 万元/吨，较 2022 年的 75.26 万元/吨下降 4.69%。2023 年无毛绒价格在低位平稳运行，受 2022 年无毛绒价格波动的影响，2023 年各月价格同比降幅逐渐收缩。2023 年 1 月无毛绒价格同比降幅为 8.86%，12 月的同比降幅已经收缩至 1.41%。具体来看，除了 2023 年 6 月外，2023 年其他月份无毛绒价格均低于 2022 年同期水平。

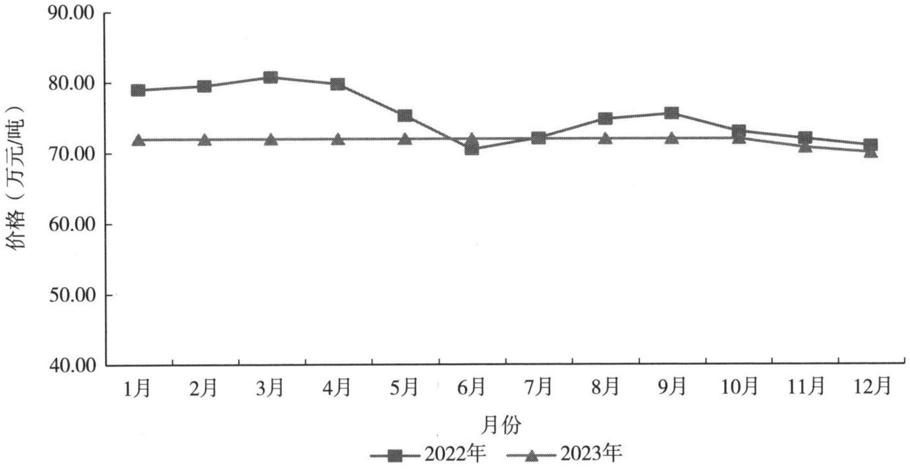

图 9　2022 年和 2023 年我国无毛绒价格变化情况

数据来源：绒易通平台。

注：图中所示无毛绒价格指的是白色无毛绒（型号 30～34 毫米，16～16.2 微米）的价格。

2. 2023 年羊绒价格变化的原因

2023 年，我国羊绒价格持续保持低位，且低于 2022 年同期水平，部分调研地区的羊绒价格也出现较大幅度下降，主要原因有以下几点：

（1）全球经济形势低迷，外部需求不足

我国羊绒及其制品是国际化程度相对较高的产品，每年生产的羊绒制品有 60%左右出口国外，因此，国内羊绒价格容易受到国际市场需求变化的影响。2023 年全球经济增速趋缓，中国、美国、俄罗斯、欧盟等多个主要经济体面临经济增速下滑和贸易摩擦的挑战。根据 2024 年 1 月 IMF 预测数据，2023 年世界经济增速为 3.1%，比 2022 年低了 0.4 个百分点，发达国家的经济复苏仍不明

显，新兴市场和发展中经济体的经济活动放缓。2023 年西方主要发达国家经济增长乏力，在通胀高企和利率上升的双重挤压下，物价高企和经济衰退的前景让消费者不安，国际市场对中国羊绒及其制品的需求明显下降，中国羊绒及其制品的出口大幅减少，导致国内羊绒价格大幅下跌。以羊绒衫出口情况为例，海关总署的数据显示，2023 年 1—11 月，中国羊绒衫累计出口量为 2 013 万件，出口金额为 63 562 亿美元，较 2022 年同期分别减少了 14.71%和 20.33%。

（2）国内经济增速放缓，消费增长缓慢

2023 年是中国正式进入后疫情时代经济正常化的元年，经济恢复是一个波浪式发展、曲折式前进的过程，国内需求不足，企业经营困难，外需走弱、重点领域风险隐患众多，中国经济面临一定的下行压力。受新冠疫情“伤痕效应”影响，我国经济增速仍然低于疫情前 2019 年的正常水平。根据国家统计局的数据，2023 年一、二、三、四季度中国国内生产总值（GDP）虽然同比分别增长了 4.7%、6.3%、4.9%和 5.2%，但相较于 2019 年同期的 6.3%、6.0%、5.9%和 6.0%均有不同程度的回落。在宏观经济增速放缓的同时，居民收入增幅也在减小。2023 年全国居民人均可支配收入同比实际增长 5.3%，与 2019 年相比，减少了 0.5 个百分点。居民收入增长仍未恢复到先前水平，对羊绒制品的消费需求增长有限。羊绒制品销售不畅，压缩了羊绒加工企业的利润空间，使得其对羊绒的需求减少，最终导致羊绒价格稳定在低位。

（3）行业景气度下降，企业库存积压

2023 年我国服装行业景气度呈下降趋势。根据中国轻纺城建设管理委员会发布的柯桥纺织指数，2023 年 3—12 月服装面料类总景气指数均值为 1 360.86，较 2019 年同期的 1 389.46 下降了 2.06 个百分点，表明纺织服装行业仍未恢复至先前水平，服装行业总体景气度较低。与其高度相关的羊绒加工业运行状况也不乐观。此外，2023 年国内外市场对羊绒制品需求疲软，使得羊绒加工企业相关产品库存大量增多，库存积压限制了企业对羊绒原材料的需求，导致羊绒价格较 2022 年有所下降。另外，随着新冠疫情结束，羊绒加工企业出于对生产原料的需求和对未来价格上涨的预期，收购了大量羊绒，在全球范围内后疫情时代各国经济复苏的情况各不相同，羊绒消费品市场需求恢复缓慢，造成羊绒原材料的过量囤积，进一步制约了 2023 年羊绒加工企业对羊绒原材料的需求，使得羊绒收购价格保持在低位。

四、绒毛进出口变动情况及原因

本部分根据海关总署统计数据和联合国商品贸易统计数据库（UN Comtrade）数据，总结我国羊毛、羊毛条和羊绒的历年贸易变动情况，并对2023年度影响绒毛进出口的主要因素进行分析。

（一）羊毛进出口变动情况及原因

1. 羊毛、羊毛条进出口情况

（1）我国羊毛进口量总体呈增长态势，出口量相对较少，2023年羊毛进出口量均有所增长

2000年以来，我国羊毛进口量总体上呈波动增长态势，出口量相对较少（图10）。总体上看，羊毛进口量由2000年的23.98万吨波动增加至2023年的29.60万吨，增长了23.44%，年均增长率为0.92%。具体来看，随着我国参与区域经济一体化程度的加深以及贸易便利化程度的提升，我国与传统市场和新兴市场的贸易伙伴合作关系不断拓展，2000—2018年，我国羊毛进口呈现

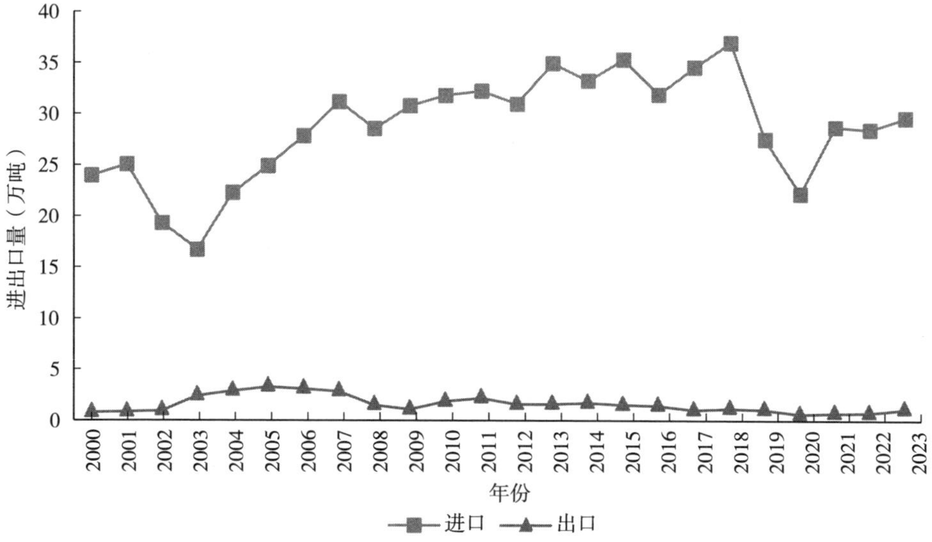

图10　2000—2023年我国羊毛进出口量变化情况

数据来源：UN Comtrade。

波动上涨态势，羊毛进口量从 2000 年的 23.98 万吨波动上涨至 2018 年的 36.99 万吨。2018—2020 年，受中美贸易摩擦升级以及新冠疫情带来的交通阻滞等超预期因素的影响，羊毛进口量快速下降。2020 年后，随着全球经济的缓慢复苏，交通运输网络的恢复，国内毛纺企业在国际市场的购买量有所增加，导致我国羊毛进口量出现回升。2023 年羊毛进口量继续增长，较 2022 年增加了 3.97％。

与澳大利亚和新西兰等羊毛主产国相比，我国羊毛品质整体不佳，国际市场优势并不明显，加上羊毛本身不耐储存，使得我国羊毛出口量相对稳定，一直以较小的规模进行出口。2000 年以来，我国羊毛出口量最高为 2005 年的 3.27 万吨，其余多数年份出口量位于 1 万～3 万吨之间。比较来看，我国一直属于羊毛净进口国。

2023 年羊毛进口量、出口量较 2022 年均有所增长。2023 年我国羊毛进口量为 29.60 万吨，较 2022 年增长了 3.97％。2023 年我国羊毛出口量为 1.10 万吨，较 2022 年增长了 48.65％。

（2）我国羊毛条进口量总体呈下降态势，出口量总体呈增长态势；2023 年羊毛条进口量继续下降，出口量继续增长

2000 年以来，我国羊毛条进口量总体呈下降态势，出口量总体呈增长态势（图 11）。具体而言，羊毛条进口量由 2000 年的 6.14 万吨波动减少至 2023 年的 0.08 万吨，减少了 98.70％，年均降幅为 17.20％。羊毛条出口量由 2000 年的 0.75 万吨波动增加至 2023 年的 5.02 万吨，增加了 5.69 倍。比较来看，2005 年之前，羊毛条进口量大于出口量，我国属于羊毛条净进口国；2005 年以后，羊毛条出口量大于进口量，我国由羊毛条净进口国转变为净出口国。

我国加入 WTO 后，国际市场合作关系显著增强，我国与澳大利亚、新西兰等羊毛主产国的贸易往来更加频繁。我国劳动力成本相对较低且拥有较多的加工基地，导致国际社会对我国羊毛条产品的需求增加，因此 2000 年以来我国羊毛条出口量大幅增长。与出口不同的是，我国羊毛条进口量下降趋势明显，可能的原因有两方面。一方面是羊毛进口替代效应，对羊毛的进口需求大于对羊毛条的进口需求，且进口的羊毛成为国内羊毛条加工的主要原料产品；另一方面是我国羊毛条初加工能力较强，且羊毛条出口在国际羊毛市场上具有比较优势。因此我国是羊毛条净出口国，羊毛条进口量不断下降。

2023 年我国羊毛条进口量继续下降，出口量继续增长。2023 年我国羊毛条进口量为 0.08 万吨，较 2022 年下降了 27.27％。2023 年我国羊毛条出口量

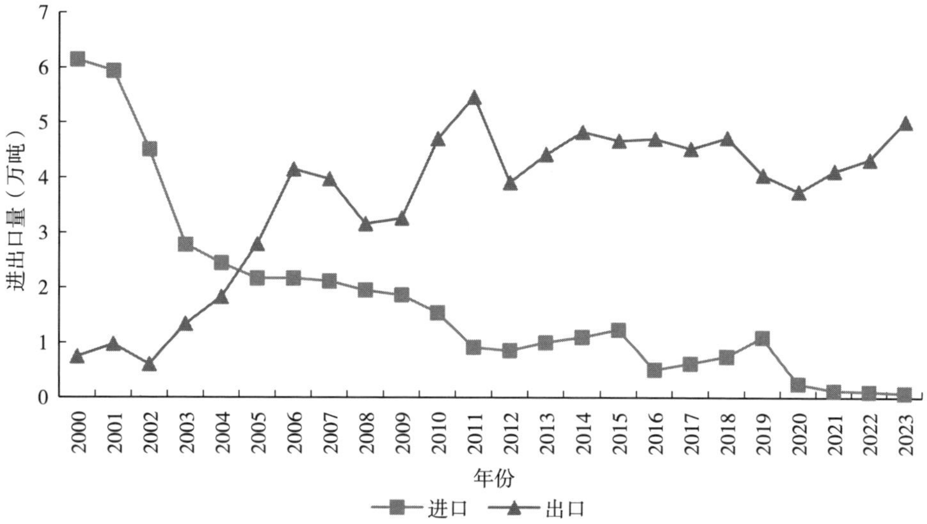

图 11　2000—2023 年我国羊毛条进出口量变化情况

数据来源：UN Comtrade。

为 5.02 万吨，较 2022 年增长了 15.94%。

（3）我国羊毛贸易呈逆差格局，羊毛条贸易呈顺差格局；2023 年羊毛贸易逆差、羊毛条贸易顺差有所减少

2012 年以来，我国羊毛贸易呈逆差格局，羊毛条贸易呈顺差格局（表 15）。具体来看，我国羊毛进口额一直大于羊毛出口额，呈贸易逆差状态，羊毛贸易逆差于 2018 年达到峰值，为 31.71 亿美元。我国羊毛条进口额一直小于羊毛条出口额，呈贸易顺差状态，且贸易顺差于 2018 年达到峰值，为 5.40 亿美元。

表 15　2012—2023 年我国羊毛、羊毛条进出口贸易额变化情况

单位：百万美元

年份	羊毛			羊毛条		
	进口额	出口额	贸易逆差	进口额	出口额	贸易顺差
2012	2 595.92	86.64	2 509.28	72.27	500.87	428.60
2013	2 761.25	85.15	2 676.10	78.74	507.97	429.23
2014	2 400.94	90.40	2 310.54	81.84	505.79	423.95

（续）

年份	羊毛			羊毛条		
	进口额	出口额	贸易逆差	进口额	出口额	贸易顺差
2015	2 478.17	67.09	2 411.08	93.98	436.57	342.59
2016	2 349.50	65.47	2 284.03	38.09	410.47	372.38
2017	2 755.99	48.87	2 707.12	43.85	466.44	422.59
2018	3 225.79	54.69	3 171.10	55.93	596.23	540.30
2019	2 395.92	54.02	2 341.90	79.01	512.54	433.53
2020	1 626.42	31.93	1 594.49	19.79	328.03	308.24
2021	2 404.89	39.20	2 365.69	11.14	372.21	361.07
2022	2 223.71	38.75	2 184.96	10.74	509.05	498.31
2023	2 029.09	47.30	1 981.79	6.43	498.85	492.42

数据来源：海关总署。

2023年我国羊毛贸易逆差、羊毛条贸易顺差均有所减少。具体来看，2023年我国羊毛进口额为20.29亿美元，较2022年减少了8.75%；羊毛出口额为0.47亿美元，较2022年增加了22.06%；我国羊毛在国际贸易中仍延续逆差格局，贸易逆差为19.82亿美元，较2022年减少了9.30%。2023年我国羊毛条进口额为0.06亿美元，较2022年减少了40.13%；羊毛条出口额为4.99亿美元，较2022年减少了2.01%；我国羊毛条在国际贸易中继续表现为顺差格局，贸易顺差为4.92亿美元，与2022年相比减少了1.18%。

（4）2023年羊毛、羊毛条进出口贸易国均较为集中

2023年我国羊毛进口来源国比较集中，前五大进口来源国依次是澳大利亚、新西兰、南非、蒙古和英国。其中，仅从澳大利亚一国的羊毛进口量就高达18.78万吨，占我国羊毛进口总量的63.42%；从新西兰、南非、蒙古和英国的羊毛进口总量分别为3.09万吨、2.10万吨、1.30万吨和0.86万吨，占我国羊毛进口总量的比重分别为10.45%、7.10%、4.40%和2.92%。

2023年我国羊毛前五大出口目的国依次是印度、英国、意大利、日本和韩国。其中，我国对印度的羊毛出口量为0.21万吨，占羊毛出口总量的比重为18.32%；对英国、意大利、日本和韩国的羊毛出口量分别为0.20万吨、0.19万吨、0.12万吨和0.09万吨，分别占我国羊毛出口总量的17.74%、16.99%、11.03%和7.88%（表16）。

表 16　2023 年我国羊毛主要进出口国的贸易量及比重

位次	进口			出口		
	国家	进口量（万吨）	比重（%）	国家	出口量（万吨）	比重（%）
1	澳大利亚	18.78	63.42	印度	0.21	18.32
2	新西兰	3.09	10.45	英国	0.20	17.74
3	南非	2.10	7.10	意大利	0.19	16.99
4	蒙古	1.30	4.40	日本	0.12	11.03
5	英国	0.86	2.92	韩国	0.09	7.88
合计		26.13	88.29		0.81	71.96

数据来源：海关总署。

2023 年我国羊毛条进口来源地也比较集中，前五大进口来源地依次是阿根廷、缅甸、乌拉圭、马来西亚和中国保税区。其中，阿根廷、缅甸和乌拉圭是 2023 年我国羊毛条的主要进口来源国，从以上 3 个国家的羊毛条进口量合计为 0.07 万吨，占羊毛条进口总量的比重为 88.19%；从马来西亚和中国保税区的羊毛条进口量合计为 0.01 万吨，占羊毛条进口总量的比重为 8.68%。

2023 年我国羊毛条的五大出口目的国依次是印度、意大利、德国、日本和韩国。对印度、意大利、德国、日本和韩国的羊毛条出口总量分别为 1.30 万吨、0.88 万吨、0.48 万吨、0.39 万吨和 0.38 万吨，占我国羊毛条出口总量的比重分别为 25.94%、17.47%、9.60%、7.62%和 7.49%（表 17）。

表 17　2023 年我国羊毛条主要进出口国家（地区）的贸易量及比重

位次	进口			出口		
	国家/地区	进口量（万吨）	比重（%）	国家	出口量（万吨）	比重（%）
1	阿根廷	0.03	34.12	印度	1.30	25.94
2	缅甸	0.02	27.77	意大利	0.88	17.47
3	乌拉圭	0.02	26.30	德国	0.48	9.60
4	马来西亚	0.01	6.64	日本	0.39	7.62
5	中国保税区	0.00	2.04	韩国	0.38	7.49
合计		0.08	96.87		3.43	68.12

数据来源：海关总署。

（5）2023 年羊毛主要贸易省份是江苏、浙江、河北和山东，羊毛条主要

贸易省份是江苏、河北、上海和浙江

2023年我国羊毛进口量居前五位的省份依次是江苏、浙江、山东、上海和河北，该5省份羊毛进口量合计为26.63万吨，占我国羊毛进口总量的89.98%。其中，江苏羊毛进口量位居第一位，全年进口量达到16.07万吨，占我国羊毛进口总量的54.28%；浙江羊毛进口量位居第二位，为6.00万吨，占我国羊毛进口总量的20.27%；山东、上海和河北的羊毛进口量分别为2.04万吨、1.32万吨和1.20万吨，分别占我国羊毛进口总量的6.90%、4.46%和4.07%。

2023年我国羊毛出口量居前五位的省份依次是江苏、河北、西藏、广东和浙江，该5省份的羊毛出口量合计为1.03万吨，占我国羊毛出口总量的93.70%。其中，江苏羊毛出口量位居全国第一位，其出口量达0.46万吨，占我国羊毛出口总量的41.77%；河北羊毛出口量居第二位，为0.43万吨，占我国羊毛出口总量的39.10%；西藏、广东和浙江羊毛出口量分别为0.06万吨、0.05万吨和0.03万吨，分别占我国羊毛出口总量的5.58%、4.15%和3.10%（表18）。

表18　2023年我国羊毛主要进出口省份的贸易量及比重

位次	进口			出口		
	省份	进口量（万吨）	比重（%）	省份	出口量（万吨）	比重（%）
1	江苏	16.07	54.28	江苏	0.46	41.77
2	浙江	6.00	20.27	河北	0.43	39.10
3	山东	2.04	6.90	西藏	0.06	5.58
4	上海	1.32	4.46	广东	0.05	4.15
5	河北	1.20	4.07	浙江	0.03	3.10
合计		26.63	89.98		1.03	93.70

数据来源：海关总署。

2023年我国羊毛条进口的主要省份依次是江苏、上海、浙江和海南，该4省份羊毛条进口量合计为0.09万吨，占我国羊毛条进口总量的100.00%。其中，江苏羊毛条进口量位居全国第一位，达0.05万吨，占我国羊毛条进口总量的58.50%；上海、浙江和海南的羊毛条进口量合计为0.04万吨，占我国羊毛条进口总量的41.50%。

2023 年我国羊毛条出口量居前五位的省份依次是江苏、河北、浙江、上海和天津，该 5 省份的羊毛条出口量合计为 4.85 万吨，占我国羊毛条出口总量的 96.69%。其中，江苏的羊毛条出口量位居全国第一位，其出口量达 2.62 万吨，占我国羊毛条出口总量的 52.23%；河北羊毛条出口量居第二位，为 0.94 万吨，占我国羊毛条出口总量的 18.80%；浙江羊毛条出口量位居第三位，为 0.69 万吨，占我国羊毛条出口总量的 13.67%；上海羊毛条出口量位居第四位，为 0.40 万吨，占我国羊毛条出口总量的 7.94%；天津羊毛条出口量位居第五位，为 0.20 万吨，占我国羊毛条出口总量的 4.05%（表 19）。

表 19　2023 年我国羊毛条主要进出口省份的贸易量及比重

位次	进口			出口		
	省份	进口量（万吨）	比重（%）	省份	出口量（万吨）	比重（%）
1	江苏	0.05	58.50	江苏	2.62	52.23
2	上海	0.03	34.10	河北	0.94	18.80
3	浙江	0.01	4.17	浙江	0.69	13.67
4	海南	0.00	3.23	上海	0.40	7.94
5				天津	0.20	4.05
合计		0.09	100.00		4.85	96.69

数据来源：海关总署。

（6）2023 年原毛进口量同比增加，出口量为零；洗净毛、羊毛落毛进口量均同比减少，出口量均同比增加

2023 年我国原毛进口量为 25.33 万吨，同比增加 9.99%；进口额为 19.61 亿美元，同比减少 8.19%。原毛主要进口来源国有澳大利亚、南非、新西兰、乌拉圭和英国等，从这 5 个国家的合计进口量占原毛进口总量的 93.54%；主要进口省份是江苏、浙江、山东、上海和河北，这 5 个省份的合计进口量占原毛进口总量的 95.92%。2023 年我国原毛出口量为零，与 2022 年保持一致。

2023 年我国洗净毛进口量为 4.21 万吨，同比减少 21.01%；进口额为 0.66 亿美元，同比减少 20.48%。洗净毛主要从蒙古、新西兰、英国、土耳其和哈萨克斯坦等国进口，从上述 5 个国家的合计进口量占洗净毛进口总量的 83.82%；主要进口省份是内蒙古、江苏、山东、河北和天津，其进口量占洗

净毛进口总量的77.45%。2023年我国洗净毛出口量为0.83万吨，同比增加43.10%；出口额为0.34亿美元，同比增加30.77%。洗净毛主要出口至英国、日本、印度、韩国和丹麦，对这5个国家的合计出口量占洗净毛出口总量的65.07%；主要出口省份有河北、江苏、西藏、上海和天津，其合计出口量占洗净毛出口总量的94.07%。

2023年我国羊毛落毛进口量为0.07万吨，同比减少30.00%；进口额为0.02亿美元，同比减少50.00%。羊毛落毛主要从乌拉圭、泰国、印度、英国和捷克进口，从上述5个国家的合计进口量占羊毛落毛进口总量的86.51%；进口省份是上海、江苏和浙江，其合计进口量占羊毛落毛进口总量的100.00%。2023年羊毛落毛出口量为0.27万吨，同比增加68.75%；出口额为0.14亿美元，同比增加7.69%。羊毛落毛主要出口至意大利、印度、日本、毛里求斯和美国，对这5个国家的合计出口量占羊毛落毛出口总量的98.55%；出口省份是江苏、河北、广东、浙江和山东，其合计出口量占羊毛落毛出口总量的100.00%。

（7）2023年羊毛条及其他精梳羊毛进口量同比减少，出口量同比增加；粗梳羊毛进口量同比减少，出口量同比增加

2023年我国羊毛条及其他精梳羊毛进口量为0.06万吨，同比减少40.00%；进口额为618.71万美元，同比减少41.76%。羊毛条及其他精梳羊毛主要从阿根廷、乌拉圭、马来西亚、中国保税区和英国等地进口，从上述5个地区的合计进口量占羊毛条及其他精梳羊毛进口总量的98.20%；主要进口省份是江苏、上海、浙江和海南，这4个省份的合计进口量占羊毛条及其他精梳羊毛进口总量的100.00%。2023年我国羊毛条及其他精梳羊毛出口量为3.57万吨，同比增加5.00%；出口额为4.54亿美元，同比减少3.81%。羊毛条及其他精梳羊毛主要出口至意大利、德国、日本、韩国和土耳其，对这5个国家的出口量占羊毛条及其他精梳羊毛出口总量的64.40%；出口省份主要是江苏、浙江和上海，这3个省份的合计出口量占羊毛条及其他精梳羊毛出口总量的99.01%。

2023年我国粗梳羊毛进口量为0.81吨，同比减少98.78%；进口额为0.63万美元，同比减少95.30%。粗梳羊毛出口量为1.30万吨，同比增加51.16%；出口额为2 992.21万美元，同比增加14.36%。粗梳羊毛主要出口至印度、英国、韩国、德国和意大利，对这5个国家的合计出口量占粗梳羊毛

出口总量的98.44%；主要出口省份是河北、天津和广东，其合计出口量占粗梳羊毛出口总量的92.31%。

2. 2023年我国羊毛进出口变动的主要原因

（1）我国羊毛进口变动的主要原因

①主产国羊毛价格下行，刺激毛纺企业原料购买量有所增加。2023年，澳大利亚、南非等羊毛主产国的羊毛市场价格年内呈下行趋势，刺激了国内毛纺加工企业购买量的增加，进而带动了羊毛进口量的增长。根据张家港羊毛市场信息统计数据，澳大利亚东部地区羊毛价格指数由2023年1月12日的1 333澳分/千克下降至2023年12月14日的1 217澳分/千克，年内下降了8.70%[①]；南非羊毛市场价格指数从2023年1月11日的16 567兰分/千克下降至2023年11月29日的15 415兰分/千克，年内下降了6.95%[②]。此外，澳毛价格较低且降幅最大的几个月里，我国对澳毛进口数量是年内最多的。如2023年5—7月，澳大利亚东部地区羊毛价格指数从5月3日的1 310澳分/千克下降至7月12日的1 179澳分/千克，下降了10%。此时，我国对澳毛进口数量均高于1.7万吨，6月份甚至达到2万吨以上，是2023年澳毛进口数量最多的阶段。因此，主产国羊毛市场价格年内下行刺激毛纺加工企业增加采购数量，进而带动羊毛原料进口量的增长。

②主产国羊毛供应量增加，助推羊毛进口量小幅增长。2023年中国进口羊毛29.60万吨，较2022年增加3.97%，其中原毛进口25.33万吨，较2022年增加9.99%。分国别来看，由于2022年南非和莱索托受到口蹄疫疫情的影响，中国颁布了进口禁令，而随着禁令的解除，中国自南非进口羊毛恢复，南非羊毛的市场供应量有所上升。乌拉圭因连续三年气候环境良好，绵羊生长条件健康，确保了羔羊的产量以及羊毛的高品质，为中国进口高质量羊毛提供了充足的空间，因此中国自乌拉圭进口羊毛也呈增长趋势。此外，澳大利亚由于天气条件较好，国内大多数主要羊毛生产地区经历了一个有利的夏季季节、一个气候条件良好的秋季和一个饲料供应充足的冬季，且年内山火发生概率显著降低，自然灾害对羊毛生产的不利影响减弱，使得2023年澳大利亚的羊毛供应量有所增加。根据澳大利亚羊毛生产预测委员会（AWPFC）预测数据，

---

① 澳分为澳大利亚货币，1澳元=100澳分。

② 兰分为南非货币，1兰特=100兰分。

2022—2023年的剪毛产量为32.80万吨，比2021—2022年高出1.23个百分点。澳毛产量的增加为中国进口高质量澳毛提供了持续稳定的供应，因此我国对澳毛进口量有增无减。根据海关总署数据，2023年中国自澳大利亚进口羊毛数量较2022年增加0.82万吨，增加了4.57%。

③国内羊毛产量下降，有效供给不足，促使羊毛进口扩大。近年来，国内细毛羊存栏呈现下降态势，细羊毛产量也持续减少。2022年我国细羊毛产量为6.88万吨，为近年来最低水平。根据产业经济研究团队调研数据，2023年细羊毛产量继续呈现下滑趋势，调研地区总产量为2 657.10吨，比2022年减少了104.10吨，降幅为3.77%。中国是世界上最主要的羊毛制品加工国，国内羊毛尤其是细羊毛产量本就不足以满足国内的加工需求，在国内外羊毛制品消费需求有所恢复的背景下，国内羊毛尤其是细羊毛产量下降，使得羊毛供需缺口进一步扩大，促使国内羊毛加工企业通过扩大羊毛进口来满足对原材料的加工需求。

（2）我国羊毛出口变动的主要原因

①贸易开放和区域经济一体化程度加深促进羊毛出口规模扩大。21世纪以来，我国对外开放程度不断加深，区域经济一体化程度不断加强。2023年是“一带一路”倡议提出十周年，我国与共建“一带一路”国家和地区的经贸往来更加频繁，贸易交往更加繁荣。近年来，为布局全球产业链，推动出口市场多元化，减轻外部事件冲击，以及优化行业外贸结构，我国毛纺织业不断加强与共建“一带一路”国家和地区的合作，加大对共建“一带一路”国家和地区的投资，天虹、雅戈尔、鲁泰、申州等知名纺织企业纷纷在越南、柬埔寨、印度尼西亚等东南亚国家联盟（简称东盟）国家投资建厂，这使得其服装订单大量向柬埔寨、越南、印度尼西亚等东盟国家转移，我国对东盟国家的羊毛出口也不断增加。此外，区域全面经济伙伴关系协定（RCEP）正式实施一年以来，我国与沿线国家的贸易紧密程度不断加深，贸易合作关系不断拓展。“一带一路”倡议和RCEP的实施使得我国对相关国家和地区的羊毛出口贸易量明显增长，海关总署数据显示，2023年我国对印度、日本和韩国等国家的羊毛出口量合计为0.41万吨，较2022年增长了105.00%。

②人民币贬值对羊毛出口扩张释放有利信号。受美国联邦储备系统（简称美联储）持续加息、地缘政治冲突下避险情绪升温等因素叠加影响，美元进入升值周期，按照季度平均汇率，2023年第四季度美元指数仍然保持着1.2%的

小幅升值。除卢布外，其他货币的第四季度平均汇率均较第三季度小幅贬值。根据中国人民银行授权中国外汇交易中心数据，人民币兑美元汇率中间价由2022年底的6.96贬值至2023年12月29日的7.08，贬值了1.7%。在羊毛加工企业产品定价不变的情况下，人民币兑美元汇率的贬值相当于变相降低了企业国内羊毛制品的出口价格，进而有利于刺激国际市场对我国羊毛制品的消费需求，使得我国羊毛的出口规模同比扩大。

（二）羊绒进出口变动情况及原因

1. 羊绒进出口情况

（1）我国羊绒进口规模先波动增长后震荡下降，出口规模较小；2023年进口量继续下降，出口量有所增长

2002年以来，我国羊绒进口呈现先波动增长后震荡下降的趋势，出口规模较小。具体来看，2002—2010年，我国羊绒进口量快速增长至6 404.74吨，较2002年增长了约7倍。这一阶段的增长主要得益于我国加入WTO后，国际市场的便利和开放为羊绒进口提供了有利条件，同时，全球经济的相对稳定也推动了对羊绒产品需求的增长。2010—2012年，由于国际金融危机后各地贸易保护主义抬头，绒毛制品出口下降，导致原料进口下滑。2012—2017年，随着国际经济环境的改善以及我国绒毛加工企业的快速发展，羊绒进口量持续增长至2017年的7 297.47吨。2017年后，羊绒进口呈现震荡下降趋势，受新冠疫情影响，2021年海关积压的部分原绒在2022年进口，2022年羊绒进口量达到历年来最高值7 605.59吨，其余年份总体维持在5 500.00吨左右的水平。2023年我国羊绒进口量继续下降，为4 229.09吨，较2022年减少了44.39%。

与进口相比，我国羊绒出口量较少，总体维持在100.00吨以下。2023年我国羊绒出口量明显增长，达到257.78吨，较2022年增长了3.42倍，但是与进口量相比，数量依然较少。我国羊绒在国际贸易中仍延续逆差格局，2023年我国累计贸易逆差为16 846.13万美元，较2022年减少了52.38%(图12)。

（2）2023年我国羊绒进口来源国比较集中，主要来自蒙古

首先，我国主要从蒙古进口羊绒，2023年从该国进口羊绒4 143.07吨，占当年羊绒进口总量的97.97%；进口额为18 596.19万美元，占当年羊绒进口总额的99.84%。其次，从巴基斯坦进口部分羊绒，进口量为74.41吨，占

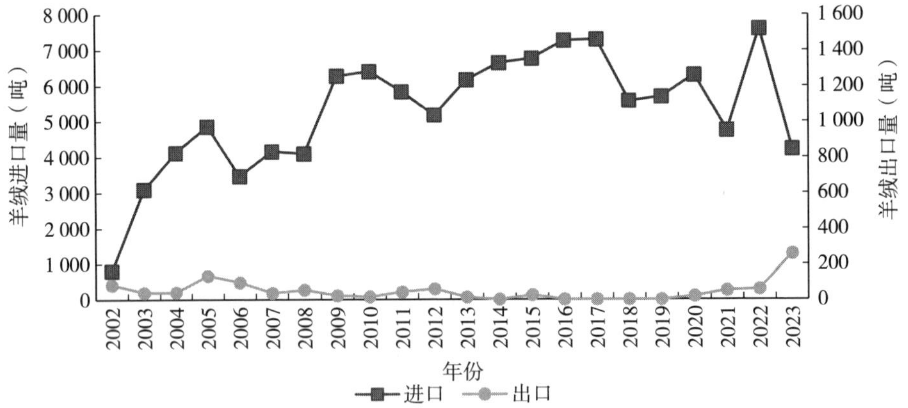

图 12　2002—2023 年我国羊绒进出口量变化情况

数据来源：海关总署。

当年我国羊绒进口总量的 1.76%；进口额为 28.33 万美元，占当年羊绒进口总额的 0.15%。此外，还从土耳其进口少量羊绒，进口量为 11.61 吨，占当年我国羊绒进口总量的 0.27%；进口额为 1.16 万美元，占当年羊绒进口总额的 0.01%（表 20）。

表 20　2023 年我国羊绒进口国及其占比

位次	国家	进口量（吨）	比重（%）	进口额（万美元）	比重（%）
1	蒙古	4 143.07	97.97	18 596.19	99.84
2	巴基斯坦	74.41	1.76	28.33	0.15
3	土耳其	11.61	0.27	1.16	0.01
合计		4 229.09	100.00	18 625.68	100.00

数据来源：海关总署。

（3）2023 年我国羊绒进口省份是河北、内蒙古、山东、宁夏和北京

2023 年我国羊绒进口省份是河北、内蒙古、山东、宁夏和北京。其中，河北羊绒进口量居全国第一，其进口量为 3 390.64 吨，占我国羊绒进口总量的 80.17%；进口额为 15 092.59 万美元，占我国羊绒进口总额的 81.03%。第二位为内蒙古，其羊绒进口量为 644.82 吨，占我国羊绒进口总量的 15.25%；进口额为 2 997.25 万美元，占我国羊绒进口总额的 16.10%。第三位是山东，其羊绒进口量为 74.41 吨，占我国羊绒进口总量的 1.76%；进口

额为 28.33 万美元，占我国羊绒进口总额的 0.15%。第四位是宁夏，其羊绒进口量为 70.27 吨，占我国羊绒进口总量的 1.66%；进口额为 298.06 万美元，占我国羊绒进口总额的 1.60%。第五位是北京，其羊绒进口量为 48.95 吨，占我国羊绒进口总量的 1.16%；进口额为 209.45 万美元，占我国羊绒进口总额的 1.12%（表 21）。

表 21 2023 年我国羊绒进口省份及其占比

位次	省份	进口量（吨）	比重（%）	进口额（万美元）	比重（%）
1	河北	3 390.64	80.17	15 092.59	81.03
2	内蒙古	644.82	15.25	2 997.25	16.10
3	山东	74.41	1.76	28.33	0.15
4	宁夏	70.27	1.66	298.06	1.60
5	北京	48.95	1.16	209.45	1.12
合计		4 229.09	100.00	18 625.68	100.00

数据来源：海关总署。

（4）2023 年我国羊绒进口主要集中在 5—8 月

2023 年我国羊绒进口月份相对集中，主要集中在 5—8 月（图 13）。2023 年 1—3 月，我国原绒进口为零；4 月份羊绒开始出现小量进口，进口量为 159.05 万吨，占全年进口总量的 3.76%；5—6 月羊绒进口量快速增长，7—9 月逐渐下降，10 月小幅增长后再次下降。2023 年 5—8 月，我国羊绒进口量分别为 752.12 吨、1 082.16 吨、861.13 吨和 605.60 吨，分别占到全年进口总量的 17.78%、25.59%、20.36%和 14.32%。

（5）2023 年未梳其他山羊绒进口量同比下降

2023 年我国羊绒主要进口品类为未梳其他山羊绒，占当年羊绒进口总量的 97.97%，且全部自蒙古进口。具体来看，2023 年未梳其他山羊绒进口量为 4 143.07 吨，较 2022 年的 7 592.20 吨下降 45.43%；进口额为 18 596.19 万美元，较 2022 年的 35 815.57 万美元下降 48.08%。此外，少量未梳克什米尔山羊绒经由巴基斯坦和土耳其进口，其进口量分别为 74.41 吨和 11.61 吨，进口额分别为 28.33 万美元和 1.16 万美元。

2. 2023 年羊绒进口变化的主要原因

2023 年我国羊绒进口量较 2022 年同期大幅减少，进口时间主要集中在

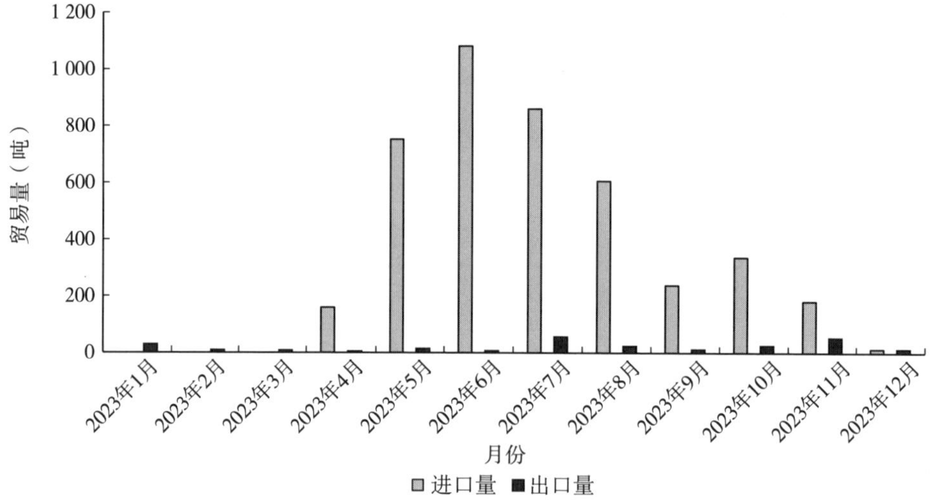

图 13　2023 年我国羊绒贸易量变化情况
数据来源：海关总署。

5—8 月。总体来看，影响我国羊绒进口数量和时间变化的原因在于以下几方面：

（1）蒙古产业政策变化与极端天气频发，羊绒供给量下降

蒙古是我国最主要的羊绒进口来源国。2023 年蒙古羊绒产业政策调整及极端天气频发使得我国羊绒供应来源减少。近年来，蒙古羊绒产业转型和升级的力度全面加强。自 2022 年下半年以来，蒙古相继通过了《关于促进羊毛和羊绒生产的若干措施》和《山羊绒加工贸易技术规定》，强调要支持本国羊绒行业生产高附加值的最终产品，并计划出口 4 500 吨精梳羊绒。2023 年蒙古通过长期发展政策“2050 年愿景”，指出蒙古将不再出口洗净绒，主要以粗硬绒和精梳绒的形式出口。与此同时，蒙古羊绒加工企业加强了与意大利、英国、法国等精梳羊绒主要进口国的合作，大力发展本国羊绒精加工产业，蒙古国内加工企业备货积极性显著提升，因而可供出口的羊绒进一步下降。另外，2023 年早春，蒙古多地区经历了极端天气，暴风雪、强风、沙尘暴等天气频发，导致新绒产量下降，且羊绒供给旺季较往年有所推迟。总体看来，产业政策变化及极端天气频发，使得来自蒙古的羊绒供给大量减少，2023 年我国自蒙古进口羊绒共计 4 143.07 吨，较 2022 年的 7 592.20 吨下降了 45.43%。此外，随着蒙古羊绒加工业的发展，出现了蒙古从我国反向进口羊绒的情况，我国

2023 年羊绒出口出现明显增长。

（2）全球经济复苏乏力，我国羊绒市场需求疲软

2023 年全球经济复苏不达预期，且市场不确定性风险进一步增加，市场需求恢复缓慢。一方面，俄乌冲突持续、巴以冲突加剧，地缘政治紧张局势为世界经济的平稳复苏带来了挑战；另一方面，国际金融环境趋于紧缩，美欧主要发达经济体终端需求减弱，高通胀等风险因素导致全球经济增长大幅放缓，贸易改善更显乏力。在这种大背景下，市场不确定性风险增加，对羊绒原料市场产生了显著的不利影响。在国际需求方面，纺织和服装企业在外贸订单旺季表现不佳，出口明显下滑。根据海关总署数据，2023 年我国纺织品服装累计出口额为 2 936.4 亿美元，同比减少 8.1%，整体表现不及全国货物贸易出口。在国内需求方面，受疫情后续效应及当前经济形势的影响，居民消费信心尚未完全恢复，消费行为更加谨慎。根据《2023 麦肯锡中国消费者报告》的数据，与 2019 年相比，在低收入、中等收入和中低收入人群中，支出增加的人数占比下降了近 20%，同时在中高收入和高收入人群中，支出增加的人数占比也下降了 10%左右。由于消费需求增长有限，服装消费受到了挤压，对羊绒制品的需求也相应减少。因此，在国外需求恢复不足、国内需求增长缓慢的背景下，下游服装纺织消费需求未能有效拉动原料市场，是 2023 年羊绒进口同比下降的重要原因。

（3）全球供应链格局重塑升级，外贸订单转移明显

全球纺织业产业链、供应链格局正在加速重塑，国际市场中纺织服装外贸订单转移的趋势不断加强，也是我国羊绒原料进口下降的重要原因。美国等西方国家强调供应链“去风险化”，不断降低对我国供应链的依赖度。随着新冠疫情对全球供应链的限制逐渐消散，美国、欧盟的订单转移趋势更加明显。同时，我国经济发展进入新阶段，在国内人口红利减弱、劳动力成本上升、产业升级的影响下，我国不少纺织企业也纷纷在东南亚国家投建了生产加工基地，将部分出口订单转移至海外工厂完成，这使得我国纺织服饰对传统美欧市场的出口不断下降。从我国出口结构来看，2023 年我国对西方发达经济体（美国、加拿大、欧盟、日本、澳大利亚、新西兰等）出口服装总计 781.46 亿美元，较 2022 年同期下降 14.68%；占比 51.08%，同比减少 8.21 个百分点。随着订单的转移，国内羊绒加工企业原料采购需求大幅减少，导致羊绒进口量锐减。

五、现有绒毛用羊产业相关扶持政策及其评价

我国畜牧业正处于向现代畜牧业转型的关键时期，绒毛用羊产业是我国畜牧业的重要组成部分。2023 年国家继续加大在草原生态、标准化规模养殖、金融保险等方面的政策扶持力度，使我国绒毛用羊产业发展的进程不断加快。本部分主要分析国家和地方政府现有绒毛用羊产业相关政策措施，并利用产业经济研究团队 2023 年 7—8 月调研数据对现有扶持政策的效果进行评价。

（一）现有绒毛用羊产业相关扶持政策

1. 畜牧良种补贴政策

为了加快绒毛用羊品种改良，提高绒毛用羊良种化程度，我国于 2009 年、2011 年相继对绵羊、山羊在全国 19 个省份实施畜牧良种补贴，对项目区内存栏能繁母羊 30 只以上的养殖户，购买绵羊、山羊种公羊每只一次性补贴 800 元。2017 年国家对畜牧良种补贴政策进行调整，畜禽良种推广被纳入农业生产发展资金项目实施方案，良种补贴政策仅在内蒙古、四川、云南、西藏、甘肃、青海、宁夏、新疆等 8 个省份内实施，项目区内存栏能繁母羊 30 只以上的养殖户可获得补助。同时推行财政支农专项转移支付方式划拨资金，实行“大专项＋任务清单”管理方式，由省、市、县农业农村部门、财政部门因地制宜确定补助对象、标准和方式。根据《农业农村部 财政部关于做好 2023 年粮油生产保障等项目实施工作的通知》（农计财发〔2023〕4 号）和《农业农村部畜牧兽医局关于做好 2023 年农业产业发展资金等项目畜牧业有关任务实施工作的通知》（农牧便函〔2023〕423 号）要求，2023 年依然按照上述方式划拨资金。

从产业经济研究团队 2023 年度调研情况来看，调研地区在 2017 年及之前均享受国家畜牧良种补贴政策，2017 年之后中央财政补助资金按大专项整体切块下达到省，各县（区、旗）通过申报畜牧良种项目方式获批农业生产发展资金。各地区根据农业生产实际情况，在补贴标准、补贴畜种等方面均有所差异。具体来看，天祝县颁布了《天祝县 2023 年牛羊养殖、高原夏莱产业扶持政策》等 7 个有关扶持政策的通知，对鉴定合格且引调至扩繁推广群的理想型标准种公羊，每只补助 3 000 元；对基础母羊达到 200 只以上的新组建扩繁推

广群，每群补助 2 万元；对开展人工授精工作的人工授精站（点），每授配 1 只羊补助 10 元；对开展天华肉用美利奴羊新品种的科研机构（业务部门）给予 30 万元奖励。肃南县制定了《肃南县草原畜牧业转型升级试点项目工作方案（2023—2025 年）》，对引进毛用品系细毛羊种公羊，每只补助 3 000 元；对农户购买细毛羊种公羊，县财政每只补贴 800 元；对由皇城绵羊育种场和赛美奴高山细毛羊繁育公司培育的优质细毛羊种公羊，每只补助 500 元；对由细毛羊养殖户培育的特级、一级细毛羊种公羊，每只补助 200 元；对细毛羊主产区的核心群养殖户，每户补助 3 000 元；对管理规范且规模较大的细毛羊人工授配站，每站奖励补助 1 万元。根据青海省农业农村厅下达的畜牧良种补贴项目种畜推广任务的要求，中央财政补贴项目资金面向平安区和化隆县 2 个县（区、旗）补贴 1 000 只青海毛肉兼用细毛羊，补贴标准为 1 000 元/只；青海省级财政畜牧良种补贴面向乐都区、平安区、民和县、循化县和乌兰县 5 个县（区、旗）补贴 600 只青海毛肉兼用细毛羊，补贴标准为 800 元/只。云南依托“中央农业生产发展资金”对罗姆尼半细毛羊种羊进行补贴，补贴标准为 800 元/只。山西岢岚县每年拨款 20 万元，用于补助养殖规模在 200 只以上的养殖户从晋岚绒山羊种羊场调换种公羊，每千克补助种羊场 40 元，市场差价 20 元/千克由养殖户负担。内蒙古巴林右旗以直接补贴的方式扶持养殖主体购买特级或一级种公羊，补贴标准为 1 200 元/只（国家补贴 800 元/只＋自治区补贴 400 元/只），巴林左旗对购买一级及以上品种的种公羊提供 800 元/只的补贴，参与补贴的内蒙古白绒山羊种公羊绒纤维细度必须在 14.5 微米以下。

2. 畜牧养殖机械购置补贴政策

为充分发挥畜牧养殖机械购置补贴的政策效应，加快畜牧业发展方式从粗放型到集约型转变，2021 年国家出台《2021—2023 年农业机械购置补贴实施指导意见》。根据《农业产业发展资金项目实施方案》，2023 年农机购置补贴政策框架和操作方式按照上述规范性文件实施，政策继续覆盖全国所有农牧业县（场），开展农机购置与应用补贴试点，探索创新以机具应用为前提的补贴资金兑付方式，推进补贴机具有进有出、优机优补、补短强弱、奖优罚劣。2023 年中央财政安排农机购置补贴第一批资金已于 2022 年 11 月提前下达，金额为 145 亿元。

在补贴机具种类范围方面，农机购置补贴机具种类范围为 15 大类 44 个小类 172 个品目，各地区可根据农业生产需要和资金供需实际，从全国补贴范围中选取本地区补贴机具品目，优先保障粮食、生猪等重要农畜产品生产、丘陵山区特色农业生产以及支持农业绿色发展和数字化发展所需机具的补贴需要，将更多符合条件的高端、复式、智能产品纳入补贴范围，加大补贴力度、提高补贴标准。按年度将区域内保有量明显过多、技术相对落后的机具品目或档次剔除出补贴范围。目前，我国主要牧区省份已经将与绒毛用羊产业密切相关的农机具列入补贴名录，能够享受购置补贴的绒毛用羊机械分为饲料作物收获机械、饲料（草）加工机械设备、畜牧饲养机械、畜产品采集加工机械设备 4 类，具体包括：割草机、搂草机、打（压）捆机、圆草捆包膜机、青饲料收获机、铡草机、青贮切碎机、揉丝机、压块机、饲料（草）粉碎机、饲料混合机、颗粒饲料压制机、饲料制备（搅拌）机、喂料机、送料机、清粪机、粪污固液分离机、剪羊毛机。

在补贴标准方面，绒毛用羊养殖机械购置补贴资金实行定额补贴，补贴标准“有升有降”。一是各地区对粮食生产薄弱环节、丘陵山区特色农业生产急需机具以及高端、复式、智能农机产品的推广应用，选择不超过 10 个品目的产品提高补贴额，补贴额测算比例从 30%提高到 35%。其中，通用类机具的补贴额可高于相应档次中央财政资金最高补贴额，增长幅度控制在 20%以内。二是对区域内保有量明显过多、技术相对落后的轮式拖拉机等机具品目逐步降低补贴额，到 2023 年将补贴额测算比例降低至 15%及以下，并将部分低价值的机具退出补贴范围。实行降标的机具品目或档次确定后，各地区要及时向农业农村部、财政部报告，有关情况将纳入农机购置补贴政策落实延伸绩效管理重要考核指标。三是一般农机每档次产品补贴额原则上按不超过该档产品上年平均销售价格的 30%测算，单机补贴限额不超过 5 万元，100 马力以上拖拉机、高性能青饲料收获机、大型免耕播种机、大型联合收割机、畜禽粪污资源化利用机具单机补贴限额不超过 15 万元，200 马力以上拖拉机单机补贴限额不超过 25 万元。

在补贴对象方面，农机购置补贴对象为从事农业生产的个人和农业生产经营组织，其中农业生产经营组织包括农村集体经济组织、农民专业合作经济组织、农业企业和其他从事农业生产经营的组织。

在监督管理方面，着力提升监督服务效能。如各级农机主管部门通过应用手机 App、人脸识别、补贴机具二维码管理和物联网监控等技术，推进补贴全流程线上办理，缩短机具核验办理时限。同时借助专业机构技术和大数据信息优势，对套取、骗取补贴资金的产销企业实行罚款处理，提升违规行为排查和监控能力。

从 2023 年产业经济研究团队调研情况来看，调研地区畜牧养殖机械购置补贴政策实施略有差异。其中肃南县、三角城种羊场、岢岚县、岚县、巴林右旗、巴林左旗均按照甘肃、山西、内蒙古地方政府出台的农机购置补贴实施方案，由中央财政按照农机具价格的 30%进行补贴。天祝县根据《天祝县 2023 年农技推广扶持政策》，县财政在中央 30%的财政补贴外会对部分机具给予再补贴，具体而言：剪毛机每台补贴 1 000 元，补贴 50 台，每个新型农业经营主体或个人最多补贴 2 台；牧草收获机，补贴 47 台；不具有套袋功能的打捆机每台按国家标准给予等额补贴，补贴 5 台；具有套袋功能的打捆机每台补贴 5 万元，补贴 10 台。根据《云南省 2021—2023 年农机购置补贴实施方案》，铡草机根据不同型号可享有 1 100～2 700 元/台不等的补贴，饲料（草）粉碎机根据不同的型号其补贴范围在 240～1 000 元/台，巧家县、鲁甸县、永善县等农牧民购买品目内牧业机械均可享受补贴政策。

3. 标准化规模养殖奖励政策

标准化规模养殖是促进传统畜牧业向现代畜牧业转型的根本途径。为加快转变畜牧业生产方式，不断提升畜禽养殖标准化生产水平，农业农村部相继出台《关于加快推进畜禽标准化规模养殖的意见》《农业部畜禽标准化示范场管理办法》等一系列规范性文件。中央财政每年安排一定的补助资金，采取“以奖代补”的方式支持养殖场实施标准化改造。为加快推进畜牧业现代化，大力推进质量兴牧、绿色兴牧，全面提升畜牧业质量效益竞争力，2018 年农业农村部制定了《畜禽养殖标准化示范创建活动工作方案（2018—2025 年）》，提出提高创建标准，严格创建要求，新创建一批现代化的畜禽养殖标准化示范场，2018—2025 年每年创建 100 个左右现代化的畜禽养殖标准化示范场，共创建1 000个。根据《农业农村部办公厅关于开展 2023 年畜禽养殖标准化示范创建活动的通知》，2023 年在全国建立 136 个生产高效、环境友好、产品安全、管理先进的畜禽养殖标准化示范场。

从 2023 年产业经济研究团队调研情况来看，部分调研地区为提升绒毛用羊标准化生产水平，加大了对绒毛用羊标准化养殖场、家庭牧场的政策扶持力度。肃南县每建设 1 个 150 平方米以上的养殖棚圈，补贴 1 万～3 万元。天祝县对当年新建的美丽乡村人畜分离养殖暖棚，如果达到进畜标准，养殖圈舍面积在 100 平方米以上，则每平方米补助 100 元。巴林右旗实施庭院经济产业示范项目，对未取消风险监测户给予棚圈建设补贴，其中棚圈（暖棚）按每平方米 200 元、改扩建棚圈按每平方米 80 元、青贮窖按每立方米 200 元、储草棚按每平方米 350 元的标准补贴。三角城种羊场除了近 3 年新建的暖棚圈舍 54 栋外，还依托青海省三角城种羊场 2020 年核心场、肉蛋奶基地、高效养殖基地配套基础设施建设项目，建设肉蛋奶基地绿化 1 370 平方米、绵羊高效养殖基地绿化 3 000 平方米，采取先建后补方式，补贴 5%。

4. 动物防疫补贴政策

动物疾病防控工作是促进畜牧业健康发展、减少农牧户经济损失的基础性工作。我国由国家畜牧兽医行政管理部门主管全国的动物防疫工作，目前已经逐渐建立健全强制免疫、监测预警、应急处理、区域化管理等制度，疫情风险评估、疫情预警、疫情认定、无规定动物疫病区建设、官方兽医管理、执业兽医管理、动物防疫保障机制等方面的内容也日趋完善。根据《农业防灾减灾和水利救灾资金（动物防疫方向）项目实施方案》，2023 年继续实施动物防疫补贴政策，并按照 2017 年农业部办公厅、财政部办公厅联合印发的《动物疫病防控财政支持政策实施指导意见》（农办财〔2017〕35 号）和《农业防灾减灾和水利救灾资金管理办法》（财农〔2023〕13 号）执行。具体内容主要包括两方面：一是强制免疫补助，国家对口蹄疫、小反刍兽疫等动物疫病实行强制免疫和购买动物防疫服务补助政策，强制免疫疫苗由省级兽医主管部门会同财政部门组织招标采购，疫苗经费由中央财政和地方财政共同按比例分担，养殖场（户）无需支付强制免疫疫苗费用，2023 年继续对符合条件的养殖场（户）实施强制免疫“先打后补”，各地加强资金使用管理，提高免疫质量和政策成效，口蹄疫、小反刍兽疫抗体合格率常年保持在 70%以上；二是强制扑杀和销毁补助，国家对口蹄疫、小反刍兽疫、布鲁氏菌病、棘球蚴病等发病动物及同群动物实施强制扑杀，对因上述疫病扑杀的动物、销毁的动物产品和相关物品所有者给予补偿，补助经费由中央财政和地方财政共同承担，中央财政对东、中、西部地区的补助比例分别为 40%、60%、80%，对新疆生产建设兵团和中央直属垦区的补助比例为 100%，羊的扑杀补助平均测算标准为 500 元/只，各地可根据畜禽大小、品种等因素细化补助测算标准。

从 2023 年产业经济研究团队调研情况来看，在重大动物疫病强制免疫补助方面，调研各地区均按照国家动物防疫补贴政策要求对养殖户绒毛用羊养殖过程中重大疾病的疫苗全部免费，费用由国家、省、市、县共同承担，养殖户仅承担日常消毒、一般药物及疫苗人工费。在强制扑杀补助方面，调研地区均对口蹄疫、小反刍兽疫、布鲁氏菌病、棘球蚴病检测阳性、染疫和同群绒毛用羊实施强制扑杀，并按照500元/只的国家标准进行补偿。肃南县1年集中2次防疫，强制免疫的小反刍兽疫、口蹄疫等疫苗免费，对布鲁氏菌病、棘球蚴病等实施常规检测净化，羊痘、驱虫以及常见病的治疗药物费用则由农牧户自行承担，防疫员工资为每年8 000元/人。天祝县强制免疫的口蹄疫、小反刍兽疫、布鲁氏菌病和棘球蚴病等4类疫苗全部免费，其他疫苗和药品由农户自行承担；防疫员年工资为10 000元/人，其中省级财政承担40%，其余60%元由县财政承担。三角城种羊场除了定期防疫和强制免疫外，还有疫病净化补贴，每年安排经费10万元用于消除羊痘、口蹄疫、布鲁氏菌病等检测净化。云南巧家县出台了《巧家县人民政府关于抓好巧家县2022年畜牧渔业生产工作的通知》和《巧家县动物疫病防控工作方案》，县财政安排动物疫病防控经费200万元（含春、秋两季动物防疫注射反应治疗和死亡赔偿30万元，动物疫苗物资采购及防控工作经费150万元），畜禽免疫密度达100%，群体免疫抗体合格率保持在70%以上。云南鲁甸县出台了《鲁甸县2023年全年重大动物疫病防控实施方案》，累计免疫羊口蹄疫8.024万头、应免密度99.18%，对各乡镇（街道）进行“先打后补”知识宣传，要求符合条件的养殖场进行“牧运通”注册，并按要求积极开展强制免疫“先打后补”的免疫工作。云南永善县出台了《永善县人民政府办公室关于做好2023年重大动物疫病防控工作的通知》，在全县范围内开展2023年春季重大动物疫病集中免疫注射工作，由县动物疫控中心统一将小反刍兽疫山羊痘二联灭活疫苗、羊传染性胸膜肺炎疫苗、山羊痘疫苗提前运送到16个乡镇（街道）使用。山西岢岚县除强制免疫的传染病外，对羊三联四防、羊传染性胸膜肺炎、羊痘、牛结节病4种非强制免疫传染病疫苗免费打针防疫，补助购置疫苗费40万元。山西岚县整合三级配套资金约200万元/年，采用政府采购招标的方式，自第三方机构购买动物春、秋季集中免疫和月补免服务。

5. 草原生态保护补助奖励政策

牧区振兴是乡村振兴的重点和难点，草原生态保护补助奖励政策（简称草原生态保护补奖政策）是重要抓手。国家从2011年开始实施第一轮的草原生态保护补奖政策，“十二五”期间累计投入资金773.6亿元在13个省份以及新疆生产建设兵团、黑龙江省农垦总局实施草原禁牧补助、草畜平衡奖励、牧草良种补贴和牧民生产资料综合补贴，有力地促进了牧区生态恢复，扭转了草原生态恶化势头。2016 年农业部和财政部联合下发了《新一轮草原生态保护补助奖励政策实施指导意见（2016—2020 年）》，“十三五”期间国家在河北、山西、内蒙古、辽宁、吉林、黑龙江、四川、云南、西藏、甘肃、青海、宁夏、新疆等 13 个省份以及新疆生产建设兵团、黑龙江省农垦总局，启动实施新一轮草原生态保护补助奖励政策，每年奖补资金达 187.6 亿元。政策实施以来，草原保护制度得到了有效落实，草原科学利用技术得到了推广应用，草原畜牧业生产方式加快转变，初步实现了草原生态保护、牧业高质量发展和牧民增收三方共赢。按照《财政部 农业农村部 国家林草局关于印发＜第三轮草原生态保护补助奖励政策实施指导意见＞的通知》（财农〔2021〕82 号）精神，2023 年继续在内蒙古等 13 个牧区省份实施第三轮草原生态保护补助奖励政策，每年补助奖励资金从第二轮的 155.6 亿元增加至 168 亿元。

第三轮草原生态保护补助奖励政策延续了上一轮补助奖励政策的覆盖范围、补贴标准、资金用途和实施方式，大稳定与小调整相结合，保证了政策实施的连贯性和农牧民政策预期的稳定性。具体内容如下：一是国家继续在河北、山西、内蒙古、辽宁、吉林、黑龙江、四川、云南、西藏、甘肃、青海、宁夏、新疆 13 个省份以及新疆生产建设兵团和北大荒农垦集团有限公司实施第三轮草原生态保护补助奖励政策，引导农牧户合理配置载畜量，科学利用天然草原，促进草原生态环境持续改善，加快草牧业生产方式转变，促进牛羊生产高质高效发展，稳步提升农牧户收入水平和改善生活条件，助推乡村经济发展。第三轮草原生态保护补奖政策中央财政按照禁牧补助 7.5 元/亩*、草畜平衡奖励 2.5 元/亩的标准进行测算，对农牧户发放补助奖励资金，各地区可因地制宜科学确定奖补标准和发放方式。二是补奖资金采取“大专项＋任务清单”管理方式，并扩大政策实施范围，将已明确承包权但未纳入第二轮补奖范围的草原面积纳入此轮补奖范围。三是实施“一揽子”政策的半农半牧区省份可支持推动生产转型，提高草原畜牧业现代化水平。

从 2023 产业经济研究团队调研情况来看，调研地区中的甘肃、青海、云南、内蒙古均制定并实施了第三轮草原生态保护补助奖励政策实施方案，由于

* 亩为非法定计量单位，1 亩＝1/15 公顷。——编者注

调研地区补贴核算方法存在差异，各调研地区补贴标准存在差异。肃南县第三轮草原生态保护补奖政策实施面积 2 091.90 万亩，其中：禁牧面积1 102.21 万亩，补助标准为山地草原类 21.84 元/亩，山地荒漠草原类 15.5 元/亩，荒漠草原类 13.16 元/亩，高寒草原类 6.82 元/亩；草畜平衡面积 989.69 万亩，补助标准为山地草原类 2.59 元/亩，山地荒漠草原类 2.08 元/亩，荒漠草原类 1.89 元/亩，高寒草原类 1.38 元/亩。天祝县自 2022 年起，按照禁牧补助 21.67 元/亩、草畜平衡奖励 3.35 元/亩的标准执行。青海根据各地禁牧区草原面积、测定草原承载能力并折算成标准亩系数，结合国家禁牧补助测算标准，综合考虑各地上年度人均牧业纯收入、牧民人口数量、禁牧草原面积及减畜减收等因素，确定各地禁牧补助标准。青海三角城种羊场禁牧补助标准为 18.05 元/亩，统一按照国家 2.5 元/亩的标准给予草畜平衡奖励。云南巧家县、鲁甸县和永善县第三轮草原生态保护补奖标准与国家补奖标准相同，其中，草畜平衡奖励标准为 2.5 元/亩，禁牧补助标准为 7.65 元/亩。内蒙古巴林右旗禁牧区补奖面积 448.27 万亩，补奖标准 10 元/亩；草畜平衡区补奖面积 545.59 万亩，补奖标准 3.615 元/亩；并在执行严格的草畜平衡制度的基础上，实行季节性休牧制度，季节性休牧期为每年 4 月 1 日至 7 月 1 日。巴林左旗草原全部划为禁牧区，禁牧面积 585 万亩，补助标准 10.246 元/亩。

6. 金融和保险扶持政策

金融和保险扶持政策是现代畜牧业持续健康发展的重要推手，随着我国社会经济的快速发展，畜牧业面临融资困难、养殖风险持续上升等问题。为了解决上述问题，2023 年国家相继出台了《金融科技发展规划（2022—2025 年）》《关于做好 2023 年全面推进乡村振兴重点工作的意见》《关于金融支持全面推进乡村振兴 加快建设农业强国的指导意见》等规范性文件，指出要拓宽农村资产抵质押范围，丰富新型农业经营主体和小农户贷款产品，合理增加新型农业经营主体中长期信贷投放，拓宽农业农村绿色发展融资渠道，发展农村数字普惠金融，积极发展农业保险和再保险。具体内容主要包括：一是继续深化农村金融改革，运用支农支小再贷款、再贴现等政策工具加大金融机构扶持力度，推动农村金融机构回归本源；二是在抵质押范围、金融产品和服务、信贷风险监测分担补偿机制、多元化融资渠道等方面进行有效探索，破解新型农业经营主体融资困境；三是提升农业保险服务能力，构建完善的农业保险产品体系，满足多层次、多元化风险保障需求。

从 2023 年产业经济研究团队调研情况来看，个别调研县为促进绒毛用羊产业的发展，加大了金融扶持力度。具体来看，肃南县实行应保尽保的养殖保险补贴政策，每只羊保险金额 500 元，费率 5%，保费 25 元，其中：中央财政补贴 40%，保费为 10 元；省财政补贴 30%，保费为 7.5 元；县财政补贴 20%，保费为 5 元；农牧户承担 10%，保费为 2.5 元。肃南县对年末存栏量达到 100 只以上且适龄母畜比例达到 80%以上的养殖户，给予 5 万～10 万元的贴息贷款（100 只以上，每增加 20 只增加 1 万元贷款额度），贷款户按照 2%的年利率承担利息，剩余利息由县财政承担。天祝县对天华肉用美利奴羊按照省级补贴品种提供保险保费补贴，补贴数量 85 869 只，保额 700 元/只，费率 4%，缴纳保费 28 元/只，其中：省级财政补贴 40%，保费为 11.2 元；市级财政补贴 15%，保费为 4.2 元；县级财政对已脱贫建档立卡户补贴 35%，保费为 9.8 元，农户自行承担 10%，保费为 2.8 元，计划补贴 341 户 41 724 只羊；县财政对其他投保户补贴 25%，保费为 7 元，农户自行承担 20%，保费为 5.6 元，计划补贴 44 145 只。昭通市出台了《昭通市促进农村居民持续增收建立新型农业经营主体银行贷款财政贴息办法》，解决农业经营主体的融资问题，间接推动了畜牧业相关主体的发展。

7. 对外贸易扶持政策

（1）关税配额制度

羊毛是我国供需缺口最大的畜产品之一，目前我国已经成为世界最大的羊毛进口国。出于对国内羊毛产业的保护，从 2002 年起，我国对进口羊毛一直采用关税配额管理，配额内的进口羊毛关税税率为 1%，毛条关税税率为 3%，配额外关税税率为 38%。根据商务部《2023 年羊毛、毛条进口关税配额管理实施细则》，2023 年羊毛进口关税配额总量为 28.7 万吨，毛条进口关税配额总量为 8 万吨。根据《中新自贸协定》，2023 年自新西兰进口羊毛、毛条国别关税配额量分别为 36 936 吨和 665 吨，关税税率为零。2015 年 6 月中国和澳大利亚政府正式签署《中澳自贸协定》，2023 年为澳大利亚国别配额实施第六年。根据《中澳自贸协定》，澳大利亚进口羊毛国别关税配额量为 42 213 吨，关税税率为零。2023 年羊毛、毛条进口关税配额实行“先来先领”的分配方式，申请者凭羊毛、毛条进口合同以及有关材料申请羊毛、毛条进口关税配额（含加工贸易）。商务部授权机构为符合条件的申请者发放“农产品进口关税配额证”。当发放数量累计达到 2023 年羊毛、毛条关税配额总量时，商务部授权机构停止接受申请。

（2）出口退税政策

出口退税是指对出口商品在国内生产、流通等环节和出口环节征收的各项税收部分或全部退还给出口商的一种措施。《中华人民共和国增值税暂行条例》规定，纳税人出口货物，税率为零；但是，国务院另有规定的除外。我国目前实行“先征后退”的方法，即企业自营出口或委托代理出口绒毛产品时，先按照增值税暂行条例规定的征税率征税，然后由主管出口退税业务的税务机关在国家出口退税计划内按规定的退税率审批退税。商品的出口退税率每年都会发生变化，根据中国出口退税咨询网相关数据，目前我国绒毛产品的出口退税率有0.5%、9.0%、13.0%等不同档次。绒毛原料产品出口退税率一般较低，绒毛加工产品出口退税率相对较高。如山羊绒、克什米尔山羊细毛出口退税率为零；未梳的含脂剪羊毛、未梳的其他含脂羊毛、羊毛落毛、羊毛废料、羊毛回收纤维和山羊毛出口退税率为9.0%；洗净制刷用山羊毛、未梳的脱脂剪羊毛（未碳化）、未梳的其他脱脂羊毛（未碳化）、未梳碳化羊毛、粗梳羊毛、精梳羊毛片毛、羊毛条及其他精梳羊毛，以及各类羊毛纱线、山羊绒纱线和山羊绒机织物出口退税率最高，均为13.0%。不同的出口退税率能够遏制不法企业套取退税，鼓励高附加值羊毛羊绒制品出口，限制羊毛羊绒资源性出口，缓解了羊毛羊绒资源性出口与企业制成品出口之间的矛盾，使精深加工企业在原料方面取得优势，有利于提高羊毛羊绒精深加工企业在国际纺织市场上的竞争。

（二）现有绒毛用羊产业相关扶持政策的评价

1. 财政支持力度不断增加，绝大多数养殖户获得过政府扶持资金

近年来国家支农惠农政策的支持力度不断加大，绒毛用羊产业作为畜牧业的重要组成部分，国家对绒毛用羊产业财政投入的力度也逐年增加。从扶持政策覆盖面看，畜牧养殖机械购置补贴政策、动物防疫补贴政策已经做到全覆盖，草原生态保护补助奖励政策和标准化规模养殖奖励政策实施范围不断扩大，国家和地方都在积极探索金融扶持和政策性保险试点；从补贴资金总额看，各项补贴政策的财政投入资金总额逐年加大，部分扶持政策的补贴标准也得到提高；从补贴政策效果看，各项政策实施越来越注重激励和约束机制，以绩效评价提高资金使用效率，确保政策落到实处。

2023年产业经济研究团队绒毛用羊养殖户调研数据显示，90.77%的养殖

户获得了政府给予的相关补贴、补助、奖励等扶持资金。其中细毛羊养殖户获得过政府扶持资金的比例最高，细毛羊养殖户均获得过政府扶持资金；绒山羊养殖户获得过政府扶持资金的比例也较高，90.00%的养殖户获得过政府扶持资金；获得过政府扶持资金的半细毛羊养殖户比例相对较低，88.14%的半细毛羊养殖户获得过政府扶持资金（表 22）。

表 22　绒毛用羊养殖户获得补助、补贴、奖励等扶持资金情况（%）

是否获得过扶持资金	全部养殖户	细毛羊养殖户	半细毛羊养殖户	绒山羊养殖户
是	90.77	100.00	88.14	90.00
否	9.23	0.00	11.86	10.00

数据来源：2023 年产业经济研究团队农牧户问卷。

2. 获得扶持资金养殖户对各项扶持政策的满意度总体较高

从获得相关扶持资金的绒毛用羊养殖户对各项扶持政策满意度评价的情况看，细毛羊、半细毛羊养殖户对所获得的各项扶持政策总体评价均较高，而绒山羊养殖户对各项扶持政策总体评价相对偏低（表 23）。

表 23　获得扶持资金的绒毛用羊养殖户对各项扶持政策的评价（%）

补贴政策	细毛羊养殖户			半细毛羊养殖户			绒山羊养殖户		
	满意	一般	不满意	满意	一般	不满意	满意	一般	不满意
种公羊补贴	73.68	5.26	21.05	—	—	—	41.67	50.00	8.33
人工授精补贴	88.89	5.56	5.56	—	—	—	44.44	55.56	0.00
能繁母羊补贴	57.14	28.57	14.29	—	—	—	33.33	66.67	0.00
禁牧补助	89.47	5.26	5.26	82.05	5.13	12.82	40.00	36.67	23.33
草畜平衡奖励	71.43	4.76	23.81	100.00	0.00	0.00	44.44	55.56	0.00
退牧还草补贴	100.00	0.00	0.00	—	—	—	33.33	55.56	11.11
退耕还草补贴	100.00	0.00	0.00	100.00	0.00	0.00	66.67	33.33	0.00
畜牧养殖机械购置补贴	85.71	4.76	9.52	—	—	—	64.52	25.81	9.68
标准化规模养殖奖励	100.00	0.00	0.00	—	—	—	22.22	66.67	11.11
粪污治理与利用补贴	100.00	0.00	0.00	—	—	—	16.67	66.67	16.67

（续）

补贴政策	细毛羊养殖户			半细毛羊养殖户			绒山羊养殖户		
	满意	一般	不满意	满意	一般	不满意	满意	一般	不满意
棚圈建设补贴	90.48	4.76	4.76	92.86	7.14	0.00	52.63	42.11	5.26
养殖保险保费补贴	76.19	4.76	19.05	100.00	0.00	0.00	61.54	38.46	0.00
贴息贷款	88.24	0.00	11.76	100.00	0.00	0.00	47.06	41.18	11.76

数据来源：2023年度产业经济研究团队农牧户问卷。

注：表中“—”表示调研地区养殖户未获得该项补贴政策，因此没有相关评价。

具体来看，除能繁母羊补贴之外，细毛羊养殖户中对获得各项扶持政策的满意度均在70.00%以上；除禁牧补助之外，半细毛羊养殖户中对获得各项扶持政策的满意度均在90.00%以上；绒山羊养殖户对退耕还草补贴、畜牧养殖机械购置补贴、养殖保险保费补贴等3项政策的满意度高于60.00%，对其余政策的满意度均普遍偏低。从养殖户对所获得的扶持政策不满意的情况看，细毛羊养殖户对草畜平衡奖励、种公羊补贴和养殖保险保费补贴等3项政策的满意度较低，半细毛羊养殖户对禁牧补助政策的满意度偏低，绒山羊养殖户对禁牧补助、粪污治理与利用补贴等2项政策的满意度不高。

从养殖户对各项扶持政策不满意的原因看，扶持资金少、扶持资金不能及时发放是养殖户对扶持政策不满意的主要原因，特别是草畜平衡奖励、禁牧补助、种公羊补贴、养殖保险保费补贴等4项政策。以禁牧补助为例，其补贴标准虽然从第一轮的6元/亩调整为7.5元/亩，但是由于禁牧导致棚圈、机械设备及雇工成本费用增加，舍饲时间延长，加之新冠疫情期间饲草料供应成本上升、畜产品销售渠道受限等问题，各项补贴资金不足以弥补显著上升的养殖成本。此外，少部分农牧民反馈牧业生产的部分急需机械设备未纳入地方补贴名录，限制了牧业机械普及率的增长。

3. 良种补贴政策覆盖范围缩小、补贴标准偏低，养殖户购买种公羊积极性不高

畜牧良种是现代畜牧业生产的基础，为了提高绒毛用羊良种化程度，我国从2009年起将绵羊纳入畜牧良种补贴范围，2011年将山羊纳入补贴范围，在全国19个省份对项目区内存栏能繁母羊30只以上的养殖户购买种公羊按照800元/只的标准给予补贴。但是2017年国家对畜牧良种补贴政策进行了调整，仅在内蒙古、四川、云南、西藏、甘肃、青海、宁夏、新疆等8个牧区省份实施良种补贴政策，对项目区内存栏能繁母羊30只以上的养殖户进行适当补助。从补贴范围看，此次调整后补贴范围明显缩小，由以往的19个省份缩减至8个牧区省份；从补贴对象看，项目区内存栏能繁母羊30只以上的养殖户才能获得补贴，该政策对养殖大户、规模养殖场的正面引导效应高于散户。同时推行财政支农专项转移支付方式划拨资金，实行“大专项+任务清单”管理方式，由省、市、县农业农村部门、财政部门因地制宜确定补助对象、标准和方式。国家种公羊良种补贴政策的调整在政策覆盖范围上显著缩小，且多年来补贴标准未根据市场价格上调，导致养殖户种公羊购买成本上升，降低了养殖户良种购买积极性，可能导致优良地方品种的退化和生产性能的下降。

2023年产业经济研究团队的调研资料显示，内蒙古、甘肃、青海等省份的调研县（旗）虽然都不同程度地对农牧户购买绒毛用羊种羊给予一定额度的补贴，但是良种补贴政策补贴标准偏低，农牧户购买种公羊积极性不高，可能导致优良地方品种的退化和生产性能的下降。调研资料显示，天华肉用美利奴羊、高山细毛羊、青海毛肉兼用细毛羊等优良细毛羊品种的市场销售价格约为1 800～2 500元/只，农牧户虽可享受500～1 000元不等的补贴金额，但购买种畜仍需自付800～2 000元，单只补贴标准偏低，不能有效带动农牧户购买积极性，可能导致优良地方品种的退化和生产性能的下降。

4. 畜牧养殖机械购置补贴政策对绒毛用羊养殖机械化水平提高作用不显著

为调动和保护农民购买使用农机的积极性，促进农机装备结构优化，提高农机化作业能力和水平，2004年国家出台了畜牧养殖机械购置补贴政策。从2023年产业经济研究团队调研情况看，调研地区的绒毛用羊机械化水平发展不均衡，农区的机械化水平高于牧区，种羊场、规模化养殖场（区）的机械化水平明显高于散户。调研地区养殖户普遍拥有铡草机、饲料粉碎机、小型拖拉机等牧业机械，少数资金实力较强的养殖大户和标准化规模养殖场购置了青贮打包机、TMR饲料搅拌机、捆草机等大型机械设备。养殖户对大型牧业机械的使用以租赁为主，普及率不高，因此部分地区开始出现大农机合作社等新型社会化服务组织和农机维修网点配套建设。此外，部分调研地区养殖户仍以手工剪毛为主，机械剪毛率普遍偏低，只有种羊场、国有牧场、规模养殖场及少数乡镇拥有剪毛机、打包机等机械剪毛设备。因此，目前畜牧养殖机械购置补贴政策的实施尚未大幅度提升我国绒毛用羊养殖机械化水平。除牧区特殊的自然地理环境制约了畜牧机械的推广外，主要原因包括以下几方面：一是补贴资金额度还不能满足广大农牧户的实际需求，近年来，随着农机具向大型化、联合化方向发展，单机购买资金额度较高，农牧户购机能力明显不足；二是部分农机企业售后服务、维修不到位，影响了农机作业效率和质量，同时也降低了养殖户的购买积极性。

5. 草原生态保护政策实施导致养殖户面临的资源和环境约束日益显著

近年来，受畜牧业超载过牧、粗放经营、无序垦荒以及自然灾害频发等因素的影响，我国西北牧区草场退化、沙化、盐渍化问题较为严重，并严重威胁国家生态安全、牧区畜牧业可持续发展和牧民增收致富。因此，国家相继出台《关于加强资源环境生态红线管控的指导意见》《林业草原生态扶贫三年行动实施方案》和《第三轮草原生态保护补助奖励政策实施指导意见》等规范性文件，划定草原生态保护红线，推行基本草原保护制度、禁牧休牧、划区轮牧和草畜平衡保护措施，实施退牧还草、京津风沙源治理、西南石漠化草地治理等工程项目。内蒙古、青海、云南等草原牧区亦出台相应的实施方案，根据草原类型和等级科学核算草原载畜量，完善草原承包和流转制度，推广舍饲养殖技术和人工饲草料基地建设，保障草原退牧农牧户顺利实现养殖方式转型。随着上述政策的持续推进，农牧户放牧用地和养殖规模普遍受到限制，绒毛用羊生产面临的资源和环境约束日益强化。

调研资料显示，草场条件（草场面、牧草长势）是绒毛用羊养殖户确定养殖规模的主要因素。有60.00%的养殖户因为草场面积有限而不打算扩大养殖规模，还有13.75%的养殖户因为禁牧政策的限制不打算扩大养殖规模。绒毛用羊养殖面临的资源环境约束和管控日益增强，农牧户逐步向舍饲、半舍饲、农区异地借牧等养殖模式过渡，导致人工饲草料购置、舍饲棚圈及配套设施建设、雇工等成本费用显著增加。如异地借牧为农牧民因禁牧、休牧及天然饲草资源不足而采取的自发性增收措施，但是随着借牧牲畜的逐年增多，农区地租从2010年的20～40元/亩上涨到2022年的120～200元/亩，借牧期间羊只饲喂成本从0.38元/只增加至0.88元/只，涨幅超过200%，加之借牧牲畜转运、铁丝围栏、水电暖和房屋租赁等生产成本支出，导致借牧成本逐年攀升，借牧的利润空间进一步压缩。因此，农牧户不得不缩减养殖规模，绒毛用羊养殖规模仍有进一步下滑风险。此外，2023年部分地区因干旱少雨，天然饲草及人工种草产量均不足，饲草料存在缺口，外购颗粒饲料、玉米价格较 2022 年同期均普遍上涨 200～300 元/吨，饲草供需不平衡、不充分矛盾突出，多数受访农牧户表示饲草资源约束是制约养殖意愿和养殖规模的主要瓶颈。

多数地区草原生态保护补奖政策补奖标准单一，主要按面积发放补贴，未体现出差异化，不能反映禁牧或减牧后牧民收入减少的问题，奖惩补助的激励作用体现不够。根据调查，仅部分地区根据禁牧区草原面积、测定草原承载能力并折算成标准亩系数进行补贴，而其他地区虽按照国家标准给予养殖户禁牧补助和草畜平衡奖励，但未考虑地区草场质量、载畜量、气候环境等因素差异，不能体现补助差异化。除此之外，由于不同年份之间降雨量、气温、湿度等气候因素以及养殖成本、养殖户绒毛用羊产品销售价格存在差异，导致不同年份之间养殖成本和收入存在差异，进而造成不同年份之间补贴存在一定差异，但当前补贴没有考虑不同年份之间的动态差异性。这些因素降低了农牧户落实补奖政策的积极性，个别地区仍然存在超载过牧现象。

6. 养殖户对绒毛用羊产业相关扶持政策的认知度存在一定差异

国家惠农政策的实施是我国经济发展的结果，各项补贴政策和奖励扶持政策的实施是为了提高农牧户的生产积极性，促进绒毛用羊产业的发展。2023 年产业经济研究团队农牧户调研数据显示，不同品种绒毛用羊的养殖户对各种关于绒毛用羊养殖的政府补助、补贴、奖励等扶持政策的认知度存在一定差异。

总体来看，细毛羊养殖户对绒毛用羊扶持政策的认知度相对较高，绒山羊养殖户次之，半细毛羊养殖户最低。从具体政策的认知来看，细毛羊、半细毛羊和绒山羊养殖户对不同扶持政策的认知程度存在一定差异。细毛羊养殖户对草畜平衡奖励、畜牧养殖机械购置补贴和棚圈建设补贴政策的认知程度较高，知道这 3 项扶持政策的细毛羊养殖户比例均为 100.00%；而对标准化规模养殖奖励、粪污治理与利用补贴政策的认知程度偏低，不知道这 2 项扶持政策的细毛羊养殖户比例均超过了 80.00%。半细毛羊养殖户对各项扶持政策的认知程度均较低，认知程度最高的是禁牧补助和草畜平衡奖励政策，知道这 2 项政策的养殖户比例超过了 70.00%，而对其他各项扶持政策的认知程度均较低。绒山羊养殖户对畜牧养殖机械购置补贴的认知程度较高，知道该政策的绒山羊养殖户比例超过了 70.00%，而对其他各项扶持政策的认知程度均较低(表 24)。

表 24　农牧户对绒毛用羊产业扶持政策的认知程度（%）

扶持政策	细毛羊养殖户		半细毛羊养殖户		绒山羊养殖户	
	知道	不知道	知道	不知道	知道	不知道
种公羊补贴	90.48	9.52	10.17	89.83	36.00	64.00
人工授精补贴	85.71	14.29	1.69	98.31	22.00	78.00
能繁母羊补贴	33.33	66.67	6.78	93.22	12.00	88.00
禁牧补助	90.48	9.52	76.27	23.73	56.00	44.00
草畜平衡奖励	100.00	0.00	77.97	22.03	26.00	74.00
退牧还草补贴	38.10	61.90	5.08	94.92	18.00	82.00
退耕还草补贴	33.33	66.67	11.86	88.14	30.00	70.00
畜牧养殖机械购置补贴	100.00	0.00	18.64	81.36	74.00	26.00
标准化规模养殖奖励	19.05	80.95	0.00	100.00	12.00	88.00
粪污治理与利用补贴	19.05	80.95	0.00	100.00	4.00	96.00
棚圈建设补贴	100.00	0.00	50.85	49.15	52.00	48.00
养殖保险保费补贴	95.24	4.76	15.25	84.75	24.00	76.00
贴息贷款	90.48	9.52	25.42	74.58	34.00	66.00

数据来源：2023 年产业经济研究团队农牧户问卷。

7. 养殖户对种公羊补贴、能繁母羊补贴及草畜平衡奖励等扶持政策需求迫切

我国绒毛用羊各项扶持政策的实施存在地区差异性，部分养殖户不能获得相关的扶持政策，多数养殖户也仅获得了个别扶持政策。为全面了解养殖户对绒毛用羊各项扶持政策的需求程度，在调研中通过询问养殖户最需要的 3 项扶持政策来反映养殖户对不同扶持政策的需求。调研结果显示，养殖户对种公羊补贴和能繁母羊补贴的需求程度均较高，选择种公羊补贴政策的细毛羊、半细毛羊和绒山羊的养殖户分别占比 35.00%、86.21% 和 70.00%，国家虽在 2017 年之前连续多年实施了种公羊补贴政策，但由于种公羊补贴数量有限，政策覆盖面较窄且补贴额度偏低，获得种公羊补贴的养殖户较少，养殖户迫切需要该政策支持。选择能繁母羊补贴政策的细毛羊、半细毛羊和绒山羊的养殖户分别占比 35.00%、74.14%和 48.00%，主要是由于养殖户希望获得能繁母羊补贴来降低养殖成本、提高养殖效益。由于受资源环境约束趋紧因素的影响，绒毛用羊养殖成本进一步上升，农牧户对棚圈建设补贴和草畜平衡奖励 2

项政策的需求也较为迫切，养殖户希望通过上述政策扶持平抑舍饲棚圈建设和饲草料价格上涨带来的成本增长。同时，农牧户对畜牧养殖机械购置补贴、羊毛/羊绒最低保护价、禁牧补助、贴息贷款和养殖保险保费补贴政策也有一定的需求，如由于农牧户非牧就业渠道狭窄、转产或兼业就业难等问题依然突出，牧民仍然面临着很大的生产和生计风险，对养殖保险保费补贴的需求意愿更加强烈。此外，受访农牧户还表示，希望在饲草料种植、调运、购买及养殖实用技术培训方面获得政策帮扶（表25）。

表25　农牧户对绒毛用羊产业扶持政策的需求程度（%）

扶持政策	细毛羊养殖户	半细毛羊养殖户	绒山羊养殖户
种公羊补贴	35.00	86.21	70.00
人工授精补贴	10.00	12.07	10.00
能繁母羊补贴	35.00	74.14	48.00
禁牧补助	35.00	0.00	16.00
草畜平衡奖励	50.00	13.79	6.00
退牧还草补贴	10.00	0.00	0.00
退耕还草补贴	0.00	0.00	0.00
畜牧养殖机械购置补贴	15.00	20.69	22.00
标准化规模养殖奖励	5.00	0.00	10.00
棚圈建设补贴	15.00	56.90	64.00
养殖保险保费补贴	20.00	12.07	10.00
贴息贷款	25.00	13.79	12.00
羊毛/羊绒最低保护价	35.00	6.90	14.00

数据来源：2023年产业经济研究团队农牧户问卷。

六、2024年我国绒毛用羊产业发展趋势

本部分根据2023年度细毛羊、半细毛羊、绒山羊养殖情况及羊毛、羊绒销售情况的调查结果，并综合考虑市场及政府政策等因素，从绒毛产量、绒毛价格、标准化规模养殖水平、产业组织化程度、社会化服务水平、品种培育与推广、饲草料供应7个方面预计2024年我国绒毛用羊产业发展趋势。

（一）细羊毛、羊绒产量将小幅下降，半细羊毛产量稳中有增

2023年细毛羊养殖规模和细羊毛产量均呈下降趋势，我国细毛羊主产区农牧户对细毛羊产业信心不足，养殖积极性下降，转产、弃养现象较为普遍，预期2024年细毛羊养殖规模将小幅下降，整体养殖形势不容乐观。近年来受中国经济下行压力加大、市场需求疲软、外循环受阻、居民消费需求不确定性增加等因素影响，细羊毛价格连续5年走低，不断突破历史低位，且同期活羊销售价格显著下跌，导致农牧户养殖细毛羊积极性下降，逐渐放弃养殖细毛羊，转产肉毛兼用型经济杂交改良品种、藏系羊或牦牛，且养殖主体老龄化趋势加剧，进一步削弱了细毛羊产业发展韧性，导致调研地区细毛羊整体养殖态势日趋严峻。因此，预期2024年细毛羊存栏量将小幅下跌，细羊毛产量亦呈下降趋势。

2023年半细毛羊养殖规模和半细羊毛产量稳中有增，考虑到良好的养殖条件和畜牧业从业人员的增加，预期2024年半细毛羊养殖规模将继续稳中有增。一方面，半细毛羊主产区环境和资源适合养殖半细毛羊，养殖户养殖经验丰富，具备良好的养殖基础条件，养殖积极性较为稳定；另一方面，2020—2023年受新冠疫情影响，人口流动受到约束，农牧民的外出务工机会亦有所减少，返乡农牧民在家转产养殖半细毛羊，带来半细毛羊存栏量的增长。因此，预计2024年半细毛羊存栏量将继续增加，半细羊毛产量稳中有增。

2023年绒山羊养殖规模微幅减少，预期2024年绒山羊养殖规模和羊绒产量将小幅下降。一是羊绒主产区政府出台政策重点扶持肉羊、肉牛、肉驴等产业扩群增量和提质增效，对山羊的关注相对较少，使得养殖户在有限养殖条件下，受政策激励，更倾向于减少绒山羊的养殖而增加其他畜种的养殖。二是草原生态保护政策实施导致绒山羊养殖户面临的资源和环境约束日益显著，舍饲养殖使得养殖成本和管理成本较放牧时期明显增加，养殖效益下降带来养殖户饲养积极性减弱，一些养殖户减少养殖量，甚至退出养殖。三是部分主产区养殖户受新冠疫情及防控措施影响被迫压栏，造成2022年底绒山羊存栏处于高位。随着2023年销售渠道逐渐恢复，养殖户普遍加快出栏，导致绒山羊存栏量有所下降。预计2024年绒山羊存栏量和羊绒产量均呈下降趋势，但幅度较小。

（二）绒毛价格将继续下降

细羊毛的价格将继续下降。在国际政治经济形势复杂、全球经济增速放缓、消费市场不振等多重因素影响下，细羊毛市场需求疲软，预期2024年细羊毛价格将继续下降。第一，从国际政治经济形势来看，俄乌冲突导致全球经济复苏形势不容乐观，主要消费市场降级导致毛纺行业市场需求疲软。美国、欧盟等主要消费市场的纺织服装进口持续低迷，均呈下降趋势。据美国商务部数据，2023年1—11月，美国纺织服装进口额为1 129.5亿美元，同比下降22.4%，其中自中国进口额为291.5亿美元，下降26.2%。据欧盟统计局数据，2023年1—10月，欧盟服装进口额803.0亿美元，同比下降14.5%，其中自中国进口额为227.3亿美元，同比下降28.3%。根据海关总署统计数据，2023年国内毛纺原料与制品出口额为121.0亿美元，同比下跌1.4%，且各类毛纺出口产品出口额普遍下滑：羊毛条出口额4.9亿美元，同比下降2.0%；无毛绒出口额3.7亿美元，同比下降25.0%；毛织物、羊毛衫、羊绒衫及毛毯的出口额分别同比下降9.0%、5.0%、20.0%和2.0%。第二，从国内经济发展形势来看，国内制造业景气水平回落，消费市场需求疲软，毛纺企业面临订单减少、库存积压、人工成本上涨等问题，利润空间压缩，引致企业对原材料需求下降。根据中国纺织工业联合会数据，2023年规模以上纺织企业工业增加值同比下降1.2%，营业收入同比下降0.8%；规模以上企业纱、布、服装产量同比分别下降2.2%、4.8%、8.7%。第三，从产业发展情况来看，国际关系紧张加剧了中国毛纺加工企业订单减少和转移。以美国为首的西方发达国家实施“遏华战略”，导致我国与西方发达国家的国际关系不稳定，直接影响了跨国企业的生产布局和我国纺织产品出口。美国“涉疆法案”的实施（2022年6月21日正式生效）不仅严重影响我国对美纺织产品出口，而且对我国向其他西方发达市场出口也产生负面连锁效应。据中国海关统计，2023年我国纺织品服装出口额2 936.4亿美元，同比下降8.1%，其中：纺织品出口额1 345.0亿美元，同比下降8.3%；服装出口额1 591.4亿美元，同比下降7.8%。第四，从全球细羊毛主产区生产情况来看，细羊毛供应量继续保持高位。澳大利亚羊毛产量预测委员会（AWPFC）确认2022—2023年羊毛产量32.8万吨，同比增长1.3%，且由于2023年气候条件良好，预计2023—2024年羊毛产量为 32.4 万吨，继续位于较高水平。总体来看，羊毛需求持续疲软而供应量保持高位，使得原毛供应相对过剩，预计 2024 年细羊毛价格将呈下降趋势。

半细羊毛的价格将小幅下降。第一，受价格低廉的化纤原料的冲击，随着技术不断进步，化学合成纤维质量不断提高，化纤产品轻薄、色彩多样且不易生虫损坏，同时价格低廉，这些特点使得半细羊毛的市场需求迅速被化纤替代。第二，尽管中国半细羊毛主产区对其有传统需求，会用半细羊毛主加工特色纺织物，但由于少数民族人口有限、自纺产品属于耐用品，国内养殖户自用半细羊毛的比例逐渐减少，流向市场的半细羊毛增加。第三，毛肉比价倒挂的影响。近年来，羊肉消费的快速增长使得羊肉与羊毛比价迅速拉大，半细毛羊养殖户更加注重肉用价值的开发，通过快速育肥等方法提高羊肉产量，忽视半细羊毛生产，部分地区的半细羊毛已经出现了长度变短、细度不稳定的现象，羊毛质量的下降带来了价格的下降。第四，近年来，部分农牧户有相当数量的羊毛卖不掉，形成大量积压，进一步加剧了半细羊毛价格的下降。因此，预计 2024 年半细羊毛价格将小幅下降。

羊绒的价格将小幅下降。欧美发达国家等主要羊绒制品消费市场经济低迷，国内外羊绒制品需求下降导致加工企业库存积压，以及化工纤维制品更强的市场替代，加工企业的原绒采购需求下降，促使羊绒收购价格下降。此外，我国部分羊绒主产区频繁发生的严重风沙天气导致原绒含沙量大，原绒重量增加，而无毛绒出绒率降低。同时受利益驱使，人为向羊绒掺杂沙土现象重现，市场上羊绒销售质量和农户信誉下降，收购商贩出价变低。因此，预计 2024 年羊绒价格将出现小幅下降。

（三）绒毛用羊标准化规模养殖水平将进一步提升

近年来受国家和地方的政策推动，绒毛用羊标准化规模养殖不断发展。一方面，国家从 2008 年开始加强畜禽标准化规模养殖场建设，从 2010 年开始每年发布《畜禽养殖标准化示范创建活动工作方案》，采取“以奖代补”方式支持畜牧业标准化规模养殖建设。地方政府也通过棚圈建设补贴项目，推进绒毛用羊家庭适度规模养殖标准化草棚或圈舍的建设。党的二十大报告强调，全面推进乡村振兴要发展农业适度规模经营。在农业农村部印发的《畜禽养殖标准化示范创建活动工作方案（2018—2025 年）》推进下，未来绒毛用羊主产区在绒毛用羊标准化、适度规模发展方面将继续获得资金扶持和引导，将继续撬动规模化经营主体增加生产性投入，其标准化规模养殖水平也会随之提高。另一方面，国家和地方政府注重在繁育改良、饲喂饲养、疾病预防和产品质量等方面出台标准，DB15/T 2507—2022《绒山羊育种和生产档案管理技术规范》、DB15/T 2797—2022《内蒙古白绒山羊繁殖期补饲技术规程》、DB6108/T 40—2022《羊场疫病风险评估技术规范》、DB15/T 2799—2022《绒山羊羔羊抓绒及羔羊绒整理规程》、GB/T 41442—2022《山羊绒净绒率试验方法 近红外光谱法》等已经陆续实施，上述规范通过制度约束指导提升绒毛用羊标准化规模养殖的规范化程度，以确保绒毛用羊供给质量和产品质量。上述措施有利于绒毛用羊产业从传统放牧饲养模式向标准化适度规模养殖模式转变，从粗放经营向集约化经营转变。预计 2024 年绒毛用羊产业的标准化规模养殖水平将进一步提升。

（四）绒毛用羊产业的组织化程度将有所提高

第一，目前部分地区形成了较为成熟的产业组织模式，如“加工企业＋合作社＋农牧户”模式、“党支部＋合作社＋农牧户”模式和“种羊场＋农牧户”模式，不同养殖主体之间建立了较为紧密的利益联结机制，为提高绒毛用羊组织化程度带来了发展契机。第二，2023 年中央 1 号文件明确提出，深入开展新型农业经营主体提升行动，支持家庭农场组建农民合作社、合作社根据发展需要办企业，带动小农户合作经营、共同增收*。农业农村部也继续开展农民合作社质量提升整县推进试点、国家农民合作社示范社建设，与财政部联合印发了《农民专业合作社财务制度》。上述政策有助于不同类型养殖主体以合作社为纽带建立产业联合组织，提升协作深度和广度。第三，部分绒毛用羊主产区养殖的产业组织模式发展较为成熟，养殖主体构成逐渐从一元单体结构向二元主体及多元主体结构过渡，养殖、生产、加工、销售等环节的横向或纵向协作领域进一步拓展，不同养殖主体以合同契约的形式建立了紧密的利益联结机制，并与农牧户在服务项目与合作内容上权责分明，组织化程度更高。此外，部分合作组织还实施了较为灵活的奖励或分红制度，激发了农牧户的生产积极性。预计 2024 年绒毛用羊产业的组织化程度将有所提高。

---

* 本书中农民合作社、专业合作社、合作社表述对象一致。

（五）绒毛用羊产业社会化服务水平将稳步提升

绒毛用羊产业持续健康发展的关键在于从业人员素质的提高，但是传统农牧民年龄较大，受教育程度偏低，市场意识淡薄，缺乏主动学习和采纳实用养殖技术的积极性，而作为技术推广主力的基层畜牧工作队伍，亦存在人员知识技能陈旧、年龄老化、人手不足、待遇偏低等问题。创新绒毛产业基层技术服务组织运行模式，逐步完善基层畜牧技术服务和推广体系，可以有效提升绒毛用羊产业社会化服务水平。根据《关于加强农业科技社会化服务体系建设的若干意见》《关于加快发展农业社会化服务的指导意见》《关于推进兽医社会化服务发展的指导意见》等规范性文件，部分绒毛用羊主产区出台了相应的农牧业社会化服务实施意见，开始在畜牧兽医领域创新社会化服务组织运行模式。以动物防疫社会化服务创新模式为例，在地方市场监管部门合法登记成立动物防疫合作社或技术服务有限公司。一方面，以"政府购买＋有偿服务"为主导，创新"市场运作、政府买单、按绩取酬"的运行模式，由动物防疫合作社或技术服务有限公司承担辖区内的重大动物疾病强制性免疫和各类实用养殖技术推广等公益性职能，地方政府根据免疫质量监测指标衡量免疫成效，据此评价服务组织水平，兑付防疫报酬，切实转变了动物防疫工作方式，提高了服务水平和服务质量。另一方面，将村级防疫员等基层畜牧从业人员吸纳为动物防疫合作社或技术服务有限公司成员，推行"八统一"的防疫新模式①，实行竞争上岗、多劳多得、能上能下、能进能出的管理机制，以"五到位一规范"为具体内容②，鼓励防疫员通过不断学习来提升服务技能，既能规范化完成防疫工作，又能掌握疾病诊疗、品种改良等技术。同时采取技术承包、技术入股等办法，切实提高基层畜牧从业人员工资报酬和社会化服务水平。党的二十大报告就全面推进乡村振兴，强调大力发展新型社会化服务。2023 年中央 1 号文件也提出加快发展农业社会化服务。上述社会化服务运作模式也逐步在良种繁育、饲料种植、疫病监测诊断治疗、机械化生产、产品储运、废弃物资源化利用等方面进行推广应用，培育畜牧科技服务组织或企业，以社会化服务推动绒

---

① "八统一"即统一服务队伍、统一免疫程序、统一技术规程、统一季防月补、统一档案管理、统一报酬标准、统一死亡补偿、统一资金管理。

② "五到位一规范"指良种、良法、良料、良医、良管到位，规范化防疫。

毛用羊专业化生产。预计2024年绒毛用羊产业的社会化服务水平将稳步提升。

（六）绒毛用羊良种培育和推广将更加关注市场需求导向

优质良种是发展现代化绒毛用羊产业的根基，良种资源的保护利用、选育改良和扩繁推广关系着养殖户的养殖效益，是绒毛生产和发展的直接驱动因素。从市场需求来看，一方面，随着消费者观念的改变，终端绒毛纺织产品消费需求朝着轻薄化、柔软化、环保化、高档化的方向发展，带来加工产业对细型、超细型的高品质绒毛原料需求快速增长，优质绒毛原料仍然短缺；另一方面，消费市场对羊肉需求的持续增加使绒毛用羊的培育向毛（绒）肉兼用型方向发展，澳大利亚、新西兰等国家80%～98%的羊为毛肉兼用或肉用品种。同期我国羊肉较羊毛的比价优势进一步凸显，养殖户更倾向于养殖肉羊或进行毛（绒）肉兼用型杂交改良，以提高经济收益。绒毛用羊主产区地方政府也意识到市场需求的变化，认识到优质绒毛生产的紧迫性和加强细分品系培育的必要性，借助国家和地方财政资金，持续开展了种公羊良种补贴、能繁母羊良种补贴、高效繁殖技术示范推广补贴、种公羊鉴定淘汰工作、地方绒毛用羊品种新品系培育工作等。因此，绒毛用羊主产区品种改良和推广将更加关注市场需求，即在保护已有优良特色绒毛用羊品种核心种群的基础上，侧重超细型、高繁型、体格大型、快长型等品系的细分选育，丰富绒毛用羊的良种结构，有侧重点地提升绒毛用羊品种的经济效益，以保障并提高养殖户的养殖效益。同时加强原种场、种羊场等良种培育主体与规模养殖场、养殖小区以及农牧户等扩繁主体之间的横向合作，推动绒毛用羊扩繁基地建设，将良种培育主体的技术和管理优势与扩繁主体的规模优势有机结合，增强绒毛用羊良种的供种能力。通过保绒毛品质、提高产肉率，保产肉率、提高绒毛品质，以及由肉用出栏转为种羊销售等，提高养殖户的绒毛用羊养殖效益。预计2024年绒毛用羊产业将更加关注市场需求，积极推动品种改良和良种推广。

（七）绒毛用羊产业将更加注重饲草料供应体系建设

近年来，各地区以习近平生态文明思想为指导，深入践行“绿水青山就是金山银山”的发展理念，高度重视林草生态保护建设工作，严格执行了基本草原保护、禁牧休牧轮牧和草畜平衡制度。随着上述制度的持续推进，绒毛用羊养殖的放牧用地和养殖规模普遍受到限制，养殖方式逐步由放牧养殖过渡到半舍饲、全舍饲，经营方式逐步由散户过渡到家庭适度规模养殖。再加上新冠疫情防控的交通运输管制影响，饲草料供应紧缺和调运不畅造成养殖成本持续上涨，成为制约绒毛用羊产业健康发展的主要瓶颈之一。目前绒毛用羊主产区主要通过以下举措加强饲草料供应体系的建设：一是严格落实基本草原保护、禁牧休牧轮牧和草畜平衡等草原生态保护措施，加强了可利用草场资源的管护，恢复天然草原植被，提高草原生产力和载畜量，通过草场确权和经营权流转，优化天然草场和打草场资源配置，提高四季牧场利用率，在实现适度规模养殖的同时，解放并转移富余劳动力，实现增收。二是以农业供给侧结构性改革为主线，聚焦破解优质饲草料资源约束，以粮改饲试点、草牧业试验试点、高产优质苜蓿示范建设、秸秆养畜等项目扶持为抓手，进一步优化了主产区“粮、经、饲、草”四元种植结构，积极开展以紫花苜蓿、饲料玉米、青贮玉米、黑麦草等为主的人工饲草种植，优化牧草种植结构，增加饲草种植面积，提高饲草供应能力。三是利用中央财政农机购置补贴或地方小型饲草料加工机具购置补贴，完善饲草料加工利用设施的配备，推行青贮制作、饲草料粉碎加工调制、草料配合饲喂等技术，提高饲草料转化利用率；并建设饲料储备加工点，引入草产品加工企业，侧重预混饲料、青贮饲料、人工牧草和天然饲草的加工，推进饲草料专业化生产。上述措施在一定程度上缓解了农牧户的饲草短缺，帮助农牧户控制了养殖成本，提高了经济效益。2022 年 3 月，农业农村部印发了针对全国饲草产业发展的第一个专项规划——《“十四五”全国饲草产业发展规划》，明确“十四五”时期是我国饲草产业发展的重要战略机遇期，要加快建设现代饲草产业，促进草食畜牧业高质量发展。计划到 2025 年，优质饲草缺口明显缩小，全国优质饲草产量达到 9 800 万吨，牛羊饲草需求保障率达 80%以上，饲料（草）生产与加工机械化率达 65%以上。并且，农业农村部表示各地要统筹用好各类财政专项资金和基本建设投资，加大对饲草产业发展的扶持，推进规划的落地实施。预期在规划引导和政策扶持下，2024 年绒毛用羊主产区将更加注重饲草料供应体系建设。

七、我国绒毛用羊产业存在的主要问题

2023 年我国羊毛、羊绒价格均处于近年来较低水平，国内绒毛用羊养殖

效益依然偏低，绒毛生产存在萎缩风险。受全球经济复苏缓慢、市场需求疲软等因素的影响，绒毛产业发展过程依然存在很多亟待解决的问题。

（一）绒毛生产积极性下降，羊毛、羊绒质量有所下降

2023年，全球经济持续从新冠疫情、地区战争冲突、能源危机等冲击中恢复，但是复苏依然较为缓慢。IMF、WTO、联合国贸易和发展会议（UNCTAD）等发布的2023年全球经济增速均低于2022年。欧美国家和地区之间在政治、经济、安全等方面的分歧和矛盾，导致全球贸易秩序受到破坏，贸易保护主义和单边主义抬头，贸易摩擦和冲突频发。根据UNCTAD的报告，2023年全球消费增长率为3.8%，低于2019年的4.2%；2023年全球投资增长率为5.6%，低于2019年的6.1%。由于许多国家和地区的收入和消费受到新冠疫情的严重影响，全球需求仍然低迷。产业经济研究团队调研数据显示，国内羊毛、羊绒价格继续下降，不断突破历史低位，同期活羊、羊肉价格亦呈现下跌态势，细毛羊、半细毛羊和绒山羊养殖效益依然处于较低水平。个别地区还出现了羊毛销售困难情况，严重挫伤了农牧户绒毛生产积极性。我国细羊毛和羊绒产量近年来持续下降，根据国家统计局数据，2022年我国细羊毛产量为6.88万吨，羊绒产量为1.46万吨，均较新冠疫情前明显减少，未来绒毛生产依然存在较大的萎缩风险。此外，羊毛、羊绒质量也有所下降。从调研情况看，肃南县、天祝县养殖户弃养细毛羊，转产肉毛兼用型经济杂交改良品种、藏系羊或牦牛的现象较为普遍。有的养殖户用陶赛特、萨福克等肉羊品种与细毛羊基础母羊进行F1代经济杂交，杂交羊产肉率、生长速度均高于细毛羊，经济效益明显高于细毛羊；还有的养殖户转产饲养成本更低、管理难度更低的藏系羊、牦牛，当地细毛羊存栏规模下降。巧家县、鲁甸县和永善县的养殖户将半细毛羊与出肉率较高的羊只杂交，以提高羊只的产肉性能，导致半细羊毛长度变短，羊毛细度已经出现了不稳定的现象。有的农牧户追逐快速育肥出栏，因为羊毛收益较少，甚至不再剪毛直接出售活羊，半细羊毛未来生产形势较为严峻。岢岚县、岚县、巴林左旗和巴林右旗的绒山羊养殖户出于经济利益考虑不重视羊绒细度，自发购买羊绒单产高、羊绒细度粗的辽宁绒山羊种公羊用于改良杂交本地优良品种，致使羊绒细度变粗，也导致绒山羊优质特色基因流失。岢岚县和岚县晋岚绒山羊成年母羊所产羊绒平均细度从2012年的不到15微米粗化至2023年的16.2微米，年均以0.1微

米的速度变粗；巴林左旗和巴林右旗罕山白绒山羊成年母羊所产羊绒平均细度从2013年的13～15微米粗化至2023年的16～17微米，年均以0.1～0.4微米的速度变粗。总体来看，受全球经济复苏缓慢、市场需求疲软、绒毛价格大幅下降等因素的影响，未来绒毛市场需求依然存在较大的不确定性，而同期活羊及羊肉价格下行，导致农牧户养殖积极性和绒毛生产积极性均明显下降，部分地区出现了羊毛长度、细度不稳定现象和羊绒粗化趋势，绒毛产业未来发展形势严峻。

（二）基层良种繁育场站面临资金、人才困境，良种选育、推广工作难度加大

良种资源的保护和推广利用是绒毛用羊产业持续发展的重要基础，原种场、配种站、繁育场等基层良种繁育场站是优良绒毛用羊品种保护、扩大繁育和推广生产的重要载体。近年来，受市场需求和地方政府主导产业变化的影响，多个调研地区的种羊场面临资金、人才困境，导致运营困难，同时个别地区的良繁场站缺失，基层良种选育、保护和推广工作难度持续增大。从调研情况看，成立于20世纪70年代的永善县马楠云南半细毛羊原种场同时也是云南半细毛羊保种场，承担着云南半细毛羊保种、向本县及周边地区提供种羊和养殖技术服务培训等工作，由于缺乏资金，该原种场的圈舍及设施均使用30年以上，部分管理房及圈舍已经无法正常使用。巧家县的赖石山种畜场亦因缺乏资金而无法及时更新基础设施和改良草场，不利于半细毛羊的良种选育和推广。巴林右旗的赤峰市罕山白绒山羊种羊场由于当地政府没有明确固定的经费支持，加之种羊场资产多为生物资产，较难获取金融机构贷款，导致资金困境已经影响了种羊场的正常运转。部分种羊场还出现了人才短缺问题，岢岚县的晋岚绒山羊种羊场总经理和技术人员因工资问题离职，目前场内仅有2名饲养人员负责千只绒山羊的日常养殖，良种登记、性能鉴定、遗传评估、品系管理、育种规划、选种选配等工作因为缺少技术人员而近乎停滞，造成供种能力和质量都非常有限。近年来，养殖业整体低迷，多个调研地区的种羊场经营状况困难，个别种羊场已经难以维系正常运营，有的种羊场已经委托其他企业托管，供种能力有限。此外，部分调研地区没有种羊场，还有的地区没有建立扩繁场，对绒毛用羊良种的选育、扩繁以及周边养殖户的良种使用产生了不利影响。

（三）养殖户饲养管理方式粗放，标准化、设施化程度低

目前，各调研地区绒毛用羊仍以家庭经营的分散养殖为主，受气候条件及资源环境约束，多数养殖户饲养管理方式粗放，标准化、设施化程度低，部分地区还存在低水平小规模饲养带来的环境污染等问题，对羊肉、羊毛、羊绒等畜产品的稳定安全供给产生不利影响。

从养殖管理方式看，大多数农牧户依然采用全放牧或者半放牧半舍饲的方式，极少数农牧户采用了舍饲方式，其养殖管理大多根据自身经验进行，饲养管理较为传统、粗放。具体来看，细毛羊养殖户多采用半舍饲方式从事养殖活动，放牧期间依靠羊只自由采食，舍饲期间主要投喂自己购买或种植的玉米、牧草及农作物秸秆等；半细毛羊养殖户均采用全放牧方式从事养殖活动，大部分农牧户每天的放牧时间超过10小时，冬季放牧时间会有所减少。冬春季节，农牧户会使用自种或者购买的牧草、玉米、洋芋、洋蔓菁等农作物进行补饲，较少使用加工饲料。

从基础设施条件看，养殖户夏秋放牧期间的圈舍以露天围栏结构为主，水电、棚圈、贮草、粪污处理等设施不完善，抵御自然灾害的能力较弱。部分养殖户及规模养殖场、养殖小区及部分农牧户依靠各类项目资金修建了面积不等的圈舍，有些地区还同时建造了青贮窖、贮草棚等养殖设施，但总体来看，养殖场地标准化建设尚不完善。如大部分细毛羊的舍饲棚圈以彩钢或砖石结构为主，部分未实现人畜分离，存在安全隐患；半细毛羊圈舍多是由彩钢瓦作为顶棚的简易土木建筑，养殖活动所需要的食槽、盐槽，多是使用木头或者石头凿出凹槽而成，保暖、防疫及粪污处理等设施严重不足。

从养殖机械拥有和使用情况看，饲料加工机械普及率较高，大部分细毛羊养殖户和绒山羊养殖户拥有小型的铡草机、饲料（草）粉碎机或搅拌机，大型饲草料加工机械主要集中在规模养殖场、少数养殖大户等养殖主体中，半细毛羊养殖户较少购置和使用饲料加工机械。自动饲喂设备、环境控制设备和粪污处理清洁设备等饲养管理机械，以及剪毛机等畜产品收集设备拥有和使用频率较低。

（四）养殖人员年龄偏大、受教育程度偏低，实用养殖技术应用较少

目前，从事绒毛用羊养殖活动的农牧户家庭中主要决策者的年龄普遍偏大

且受教育程度偏低。从调研情况看，青壮年人大多外出务工、经商，较少从事绒毛用羊养殖活动。产业经济研究团队调研数据显示，各调研地区从事绒毛用羊养殖的农牧民平均年龄为 51.53 岁，多数在 40～59 岁。具体来看，年龄在 30 岁以下的农牧民占比仅有 3.43%，超过 40 岁的农牧民占比为 86.86%，有 17.14%的农牧民年龄超过了 60 岁。从农牧民受教育程度看，仅有 4.00%的农牧民具有大专及以上学历，87.42%的农牧民的受教育程度在初中及以下文化程度，细毛羊、半细毛羊和绒山羊养殖人员中均有一定比例的农牧民从未受过教育。（表 26）。

表 26　农牧民年龄分布和受教育情况（%）

类别		全部养殖人员	细毛羊养殖人员	半细毛羊养殖人员	绒山羊养殖人员
年龄分布	30 岁以下	3.43	2.50	8.33	0.00
	30～39 岁	9.71	10.00	13.33	6.67
	40～49 岁	30.29	25.00	41.67	24.00
	50～59 岁	39.43	37.50	30.00	48.00
	60 岁以上	17.14	15.00	6.67	21.33
受教育情况	未受过教育	17.14	10.00	28.33	12.00
	小学	36.57	15.00	53.33	34.67
	初中	33.71	37.50	13.33	44.00
	高中/中专/职高/技校	9.71	25.00	3.33	6.67
	大学/大专及以上	4.00	12.50	1.67	4.00

数据来源：2023 年产业经济研究团队农牧户问卷。

年龄偏大、受教育程度偏低导致农牧民对养殖新技术认知不足，在各地政府相关部门大力宣传和培训的情况下，仍有大部分农牧民没有及时采用这些新技术。调研中发现，农牧民普遍重视羊只饲喂，但是对于不同饲料的加工调制方式、配制比例、饲喂量、饲喂时间以及不同类型羊群的日营养需求量等均不甚了解，往往凭借经验进行饲喂。多数农牧民思想观念传统保守，参与各类技术培训的积极性较差，即使参加了技术培训也多以被动学习为主，对各类养殖技术的掌握情况参差不齐。产业经济研究团队数据显示，56.57%的农牧民表示自己从未参加过任何养殖技术培训活动，有 43.43%的农牧民虽然参加过相关培训，但是大部分受训农牧民表示即使参加了培训也不能完全理解和掌握相关技术，对饲草加工、“穿羊衣”、机械剪毛、分级打包、病死羊无害化处理等实用技术采纳意愿均较低。

（五）专业合作社、家庭农场等新型农业经营主体发展缓慢，产业组织化程度低

专业合作社、家庭农场、农业龙头企业等新型农业经营主体高质量发展，有利于提高养殖户进入市场的组织化程度和畜牧业产业化经营水平，是传统畜牧业向现代化畜牧业转变的重要特征之一。从调研情况看，各调研地区的绒毛用羊专业合作社无论是数量还是质量均处于停滞状态，多数没有真正运营，沦为空有其名的“空壳社”；家庭农场、畜产品加工企业等新型农业经营主体数量少、规模小，示范带动作用有限，产业化程度较低。

从合作社发展情况看，各调研地区绒毛用羊专业合作社能够规范运作的数量较少，示范带动作用不显著。在细毛羊产业，天祝县细毛羊养殖专业合作社约100个，以能人大户带动类型为主，但基本是有名无实的“空壳社”。肃南县注册了养羊协会和优质细羊毛生产者协会，涉及细毛羊产业的专业合作社共90个，近半数的合作社主要在剪毛、分级、打包等羊毛收获环节和销售环节提供服务，服务内容有待拓展。在半细毛羊产业，巧家县、鲁甸县、永善县注册备案的农业合作社中鲜有专门从事云南半细毛羊养殖的专业合作社，有少数的合作社只是在经营活动中涉及半细毛羊养殖，大多数合作社成立的初衷是为了获得项目资金扶持或者用地优惠，这些合作社自成立以来从未开展过任何活动，空有其名。受访农牧民表示，入社后自己的生产经营活动没有任何变化。在绒山羊产业，岢岚县绒山羊养殖专业合作社虽然数量多，但多数合作社是为了申报项目、获得经费而成立，实际并未合作运营，仍是各家各户独立经营；其他调研县绒山羊养殖专业合作社不仅数量少，而且运行不规范，不存在真正发挥作用的典型示范社。总体看来，以家庭为单位的小农生产方式在绒毛用羊养殖中占有较高比例，各家各户分散生产、单独经营，彼此之间的经济联结处于分散状态，不仅没有资金、技术和人才等资源的整合利用，也没有建立起风险共担和利益共享机制，发展动力十分薄弱。

从家庭农场等其他新型农业经营主体发展情况看，各调研地区的家庭农场正处于起步阶段，产品精深加工企业屈指可数，部分调研地区虽成立了洗毛厂、羊肉加工企业，但大多处于初级加工阶段，存在产业链条短、深加工不

足、产品附加值低、经济效益低下等问题。此外，合作社、家庭农场和农业企业普遍缺乏资金以及懂技术、会管理的复合型人才，使得各类新型农业经营主体发育不足，产业的组织化程度较低。

（六）绒毛销售方式较为传统，“优质优价”机制尚未全面建立

目前，肃南县80%的细羊毛和三角城种羊场的细羊毛采用了“工牧直交”销售方式，三角种羊场的羊毛按标准分成70支、66支、64支和边肷毛4类，统一打包后销售给张家港保税区的毛纺加工企业，其羊毛平均销售价格略高于周边农牧户，实现了细羊毛的“优质优价”。但是大部分调研地区缺少绒毛交易场所和绒毛加工企业，绒毛销售方式仍以贩子收购为主，“优质优价”机制尚未全面建立。从调研情况看，天祝县的细羊毛100%通过贩子上门收购方式销售，羊毛未进行分级整理，农牧户一般将细羊毛混等混级销售给收购商贩，无法实现“优毛优价”。巧家县、鲁甸县和永善县的农牧户大多分散居住在位置偏僻、交通不便的高原地区，多数农牧户没有拖拉机等运输工具，向外运输半细羊毛也较为困难。除部分半细羊毛直接卖给当地居民制作羊毛披毡、羊毛被外，基本依靠来自四川和贵州的个体商贩上门收购。岢岚县、岚县、巴林左旗的养殖户也是将羊绒直接销售给上门收购的贩子，羊绒收购时不分级，均是混等收购。巴林右旗有10%的羊绒由养殖户直接销售给内蒙古赤峰东荣羊绒制品有限公司，但由于企业收购量有限，也是采用了混等混级收购，价格凭借主观经验判断决定，同样没有体现“优质优价”。各调研地区的贩子主要是通过购销差价赚取利润，这导致贩子“压级压价”的现象非常普遍，“优质优价”机制尚未全面建立，直接损害了农牧户的经济利益。

（七）绒毛产品品牌建设滞后，市场竞争力不足

优质品牌对于生产经营者而言，意味着更高的市场认可度和更广阔的市场、更高的产品增值能力以及经营效益。农产品品牌建设对提升农产品价值、提高农产品竞争力和市场占有率起着至关重要的作用。我国绒毛主产区大多位于西部、北部经济发展较为落后的少数民族聚居的边疆地区，养殖户甚至各类新型农业经营主体的主要精力依然集中在养殖和绒毛生产过程上，品牌意识淡薄，缺乏现代化商品营销技巧，打造和发展品牌的主动性不足，绒毛原料及相关产品缺乏具有影响力的产品品牌、企业品牌和区域品牌。调研中发现，各调

研地区的细毛羊、半细毛羊和绒山羊均有较为悠久的养殖历史，羊毛、羊绒、羊肉在本地均具有较高的美誉度，在其他地区却鲜为人知。从养殖户到合作社、家庭农场等各类经营主体普遍缺乏产品品牌宣传推广技能，地方政府在打造区域品牌方面也缺乏相关人才和行之有效的方式方法。各调研地区不仅缺乏具有区域示范带动作用的企业品牌和产品品牌，也没有对相关品牌进行科学评定和认证的第三方权威机构，毛、绒、肉制品缺乏严格的生产流程和品质标准约束，品牌质量溯源、品牌价值链延伸等方面存在显著短板与不足，致使绒毛产品多在产地流通，市场竞争力不足，无法进入更广阔的市场，产生更大的经济效益。

八、促进我国绒毛用羊产业发展的对策建议

在绒毛价格大幅下滑和外部环境不确定性影响下，国内绒毛生产形势较为严峻。重视绒毛产业发展，加强对产业发展的重视和扶持已经刻不容缓。本部分从我国绒毛用羊产业发展现状出发，针对目前产业发展过程中存在的主要问题，提出如下对策建议：

（一）加大绒毛用羊产业扶持力度，稳定养殖户绒毛生产积极性

绒毛用羊产业是我国极具特色和国际优势的畜牧产业，绒毛主产区主要位于少数民族聚居、地理位置偏远、经济发展相对落后的地区，有些调研县曾经是全国深度贫困县，脱贫摘帽后都属于国家乡村振兴重点帮扶县。绒毛用羊养殖对于巩固拓展脱贫攻坚成果、维护社会稳定具有重要的意义。尽管各调研地区均执行了国家相关扶持政策，在品种改良、畜牧养殖机械购置、疫病防疫和草原生态保护等方面给予了一定的扶持，但是相较于其他畜种或者特色农产品，绒毛用羊产业获得的扶持力度较弱，有些绒毛主产区甚至不再将绒毛产业当作主导产业，缺乏针对性扶持。为此建议重视绒毛用羊产业发展，加大政策扶持力度，稳定养殖户绒毛生产积极性。第一，建议从现有的资源环境情况、产业发展基础和养殖传统出发，合理规划绒毛用羊的区域布局和主导品种的发展方向，根据市场需求变化及农牧户养殖状况，在养殖、生产、加工、流通和外贸等环节构建完善的绒毛用羊产业政策扶持体系。如在养殖环节，加强对优良品种的保护以及选育、扩繁，促进农牧户使用优良品种和采用先进的养殖方式；在绒毛生产环节，推广“穿羊衣”、机械剪毛、分级整理、规范打包等绒

毛生产采集现代化管理技术，并注重打造国产绒毛的品牌；在流通环节，在绒毛主产区建立产地市场，基于公证检验制度为农牧户和绒毛加工企业建立沟通渠道，形成“优质优价”的销售机制；在外贸环节，推进绒毛制品的出口促进措施，建立羊毛预警信息机制等。第二，建议在各类政策扶持对象上，除考虑推动实现巩固拓展脱贫攻坚成果同乡村振兴有效衔接，扶持绒毛用羊养殖中的脱贫户（监测户）外，也要兼顾对其他养殖主体的扶持。如普通农牧户或者能够带动脱贫户（监测户）发展的养殖大户、专业合作社、家庭农场等，实现既巩固拓展脱贫攻坚成果，又促进绒毛用羊产业的组织化发展。第三，建议在政策设计过程中深入调查扶持对象的政策需求，尊重扶持对象的扶持意愿，在此基础上，统筹分配财政资金，确定合适的扶持政策、扶持范围、补贴数量、补贴力度、补贴方式等，提高扶持资金的利用效率，尽可能有效地促进养殖户积极生产、高质量发展。

（二）加大优良品种选育和推广力度，提升绒毛用羊生产性能

近年来受绒毛价格下降、养殖成本上涨等因素影响，绒毛主产区出现了“弃养”“转产”等现象，部分养殖户还使用肉用性能较好、绒毛生产性能较差的品种杂交优良品种，部分调研地区绒毛用羊的优良生产性能已经出现不同程度的退化。同时，多个地区的种羊场经营不善，良种的保护、培育和推广工作亦受到一定的制约。为此建议加大绒毛用羊优良品种的选育和推广力度，保证良种优质特性的延续，提升绒毛用羊生产性能和养殖经济效益。第一，建议绒毛主产区政府因地制宜编制中长期产业规划，合理规划优良品种区域布局，根据地区气候条件、草场类型及改良现状，划定保护区、优势区、发展区等类型，结合区域特征及市场需求变化确定品种选育方向。第二，加大对种羊场的扶持力度。一方面应提高对种羊场保种经费的投入，用于加强对我国的细毛羊、半细毛羊和绒山羊优良品种的保护、生产性能的改善和供种能力的提升，在保护已有优良品种核心种群的基础上，侧重高繁型、体格大型、毛（绒）肉兼用型、超细毛（绒）型等优良品系的选育，提升养殖效益，进而稳定养殖户的生产积极性；另一方面应加强改善种羊场的设施条件，改善办公环境及人员福利措施，从而保证良种培育工作的顺利开展。第三，完善良种繁育体系建设。促进种羊场等良种培育主体与规模养殖场、养殖小区、家庭牧场以及农牧户等扩繁主体之间的横向合作，以承包、委托、合作等多种经营方式推动绒毛

用羊扩繁基地建设，在品种改良、疾病防控、产品生产与销售等方面进行统一管理，将良种培育主体的技术和管理优势与扩繁主体的规模优势有机结合。第四，加大优良品种推广力度，提高良种覆盖率。继续实施并适度提高种公羊补贴，实行与生产性能挂钩的差异化补贴，完善补贴流程，增加补贴数量和品种，将更多符合地区品种区域规划、适应性强、生产性能好的地方优势品种纳入补贴范畴；积极推进能繁母羊补贴政策，整合项目资金对农牧户能繁母羊、后备母羊等给予适度补贴，根据品种、生产性能和鉴定结果实行分等级差异补贴，同时对专业合作社、家庭牧场、规模养殖场（区）等新型农业经营主体给予重点支持；试点开展专项技术补贴，如人工授精、冻精、胚胎移植等，按照配种数、受胎率等指标的达标情况对提供上述技术服务的人员给予一定补助或奖励，引导农牧户进行品种改良。

（三）增加养殖基础设施建设投入，改善农牧户养殖条件，助推生产方式转型升级

近年来，随着气候条件的变化，干旱、严寒等极端天气时有发生，叠加畜牧业粗放经营、超载过牧的影响，部分地区草场退化、沙化、盐渍化问题较为严重，农牧户的棚圈、贮草、药浴、粪污处理等基础设施条件薄弱，抵御自然灾害的能力较弱，严重影响了农牧户正常经营活动和绒毛用羊产业的可持续发展。为此建议政府继续增加农牧户养殖基础设施建设投入，改善农牧户养殖条件。第一，推进标准化养殖设施建设。如整合利用各类支农项目资金为农牧户修建标准化棚圈，配备饲草料加工机械，改善养殖条件；对农牧户旧棚进行改造和维修，加强畜用暖棚等饲养管理设施建设，增强农牧户防灾保畜能力。第二，依托中央和地方各类项目资金加大对公共基础设施建设的投入，如利用草原生态保护补助奖励项目、高产优质苜蓿示范建设项目及其他惠农项目资金，开展草原围栏、饲草料储备库、优质饲草料基地和水电路等公共基础设施建设，改善农牧户养殖基础设施条件，提高饲草料供应能力。第三，构建饲草料储运体系，促进饲草料商品化交易流通，在有条件的地方建立饲草料储备库和交易市场，加强饲草料加工、流通、配送体系建设。

（四）注重畜牧兽医人才队伍建设，加强技术支撑和服务保障

目前，养殖人员受教育程度偏低、年龄偏大，缺乏主动学习和采纳实用养

殖技术的积极性，而作为技术服务和推广主力的基层畜牧工作人员，亦存在知识陈旧、人手不足等问题。这不仅直接影响了养殖户的切身经济利益，也影响了绒毛用羊产业的健康发展。为此建议注重基层畜牧兽医人才队伍建设，加强技术培训和服务支撑，提高农牧户技术应用水平，逐步实现绒毛产业的科学化、规范化、标准化发展。第一，结合基层畜牧兽医专业人才队伍建设实际问题和发展困境，加强对在编在岗畜牧兽医人员的继续教育，通过组织行业专家、科研人员深入基层开展专题培训、学术交流等方式，帮助基层畜牧技术人员丰富畜牧技术推广、动物防疫、动物卫生监督、兽药饲料监管等方面的业务知识，提升业务能力。加强与高等院校、科研院所合作，选派优秀技术人员进行定向深造，更新知识结构，提升技术水平。第二，创新基层技术社会化服务组织运行模式，积极推进政府购买畜牧兽医多元化服务，辅以监督指导和绩效考核相结合的规范机制，保障基层畜牧技术推广、动物疫病监测和动物疫病防控等工作高效开展，为养殖户提供更加专业化、精细化的兽医公共卫生服务。第三，加强与中学、高等院校的联系，引导初、高中毕业生就读畜牧兽医专业，扩大人才培养基数，充实地方畜牧兽医本科毕业生人才储备库。第四，加强对农牧户的技术服务保障，提高农牧户实用养殖技术普及率。采取入户指导、现场交流、多媒体宣传等方式，在繁殖技术、饲养管理、日粮配制、防疫检疫、无害化处理、机械剪毛等方面给予及时有效的技术支持，提高技术培训效果和农牧户对实用养殖技术的实际应用水平，引导农牧户向科学化、集约化、专业化的养殖方式转变。

（五）规范专业合作社发展和新型农业经营主体培育，提高产业组织化程度

新型农业经营主体高质量发展是农业产业规模发展和乡村振兴的重要推动力量。目前，各调研地区绒毛用羊产业的新型农业经营主体发展缓慢，专业合作社、家庭农场、龙头企业等各类新型农业经营主体数量较少，示范带动作用尚未充分发挥。因此，建议政府部门加强宣传、引导和扶持，规范专业合作社发展，积极培育家庭农场等新型农业经营主体，提高绒毛用羊产业的组织化程度。第一，健全相关规范管理制度。如合作社方面，考虑加强对农民合作社登记管理和经营运作的监管，引导合作社依法设立运营，通过完善章程制度、健全组织结构、规范财务和社务管理等夯实合作社有效运营基础，对未运营的合

作社，尽量通过限期整改完善或合并等方式帮助其开展运营，确无发展条件的引导其自愿注销，引导农民合作社依法规范发展；家庭农场方面，应完善对家庭农场注册、成立和管理服务的相关制度。第二，地方政府在农牧户成立家庭农场、养殖专业合作社或者创办企业过程中要给予必要的指导和支持，特别是在土地流转、产业化创新经营机制、财政税收、金融信贷、补助奖励、项目资助等方面提供多方位的帮扶政策和资金支持，并注重培育优秀典型，发挥其示范带动作用。第三，加强对家庭农场负责人、合作社管理人才等的职业培训，使其掌握家庭农场、合作社从注册到经营管理的整套运行机制，提高其实际管理水平，更好更高效地带动农牧户发展。第四，鼓励新型农业经营主体经营模式创新，积极推动各类生产经营主体在绒毛用羊养殖、生产、加工、销售等不同环节开展多元合作，打造统筹配套、功能互补、联系紧密的产业联合体，建立灵活畅通的信息沟通交流机制，在配种、防疫、养殖、产品收获及销售等方面搭建稳定的利益联结机制，引导农牧户上游向良种繁育、集中育肥延伸，下游向精深加工、品牌拓展延伸，推进不同生产经营主体的深度融合。

（六）积极推行“工牧直交”等交易方式，规范绒毛流通市场建设

贩子收购是目前农牧户绒毛销售的主要方式，受市场行情变化、产量限制、交易场所匮乏等多种因素的影响，“污毛（绒）计价”“混等混级”“压级压价”等现象普遍存在，不仅影响了农牧户的经济利益，也不利于绒毛流通市场的健康发展。为此，建议积极推行“工牧直交”等交易方式，规范绒毛流通市场建设。第一，在绒毛主产区大力推行机械剪毛（绒）、分级打包、公证检验等绒毛生产采集现代化管理技术，为建立“优质优价”机制奠定前期基础。第二，鼓励对机械剪毛（绒）、分级整理技术掌握纯熟、管理规范的种羊场、龙头企业、专业合作社等与农牧户建立合作关系，在羊毛、羊绒的生产、回收方面提供技术服务和统一管理，实行“工牧直交”和净毛（绒）计价，推动产销对接。第三，鼓励有实力、信誉较好的加工企业在绒毛主产区设立固定收购点或者建设乡村振兴加工车间等，开展羊毛、羊绒收购。通过减免企业税费、提供绒毛收储贴息贷款等方式，调动绒毛加工企业在“工牧直交”方式中的主动性，并且坚持以质定价，充分体现等级价差，切实做到“优质优价”。第四，加快建设布局合理、具有区域辐射性的绒毛交易市场，在羊毛、羊绒收获季节可以快速、大批量集散绒毛产品，减少绒毛流通的中间环节，解决农牧户销路

狭窄、销售困难、销售压价等问题，也为加工企业到主产区收购羊毛、羊绒原料提供便利。第五，建立市场信息公共服务平台，及时收集与发布羊毛、羊绒的供求、价格、质量等信息，为农牧户、家庭农场、合作社等生产主体提供信息服务，并加强对绒毛销售环节的监管，对销售过程中收购商贩刻意压级压价、提供虚假信息等问题进行严厉处罚，营造良好的销售环境，规范市场流通秩序。

（七）提高生产流通主体的商品经营意识，塑造优质绒毛品牌

目前，我国绒毛产业品牌建设尚处于不成熟、不规范、不系统的初级阶段，品牌意识淡薄，缺乏具有区域影响力的产品品牌。为此建议提高生产流通主体的商品经营意识，塑造优质绒毛品牌。第一，加快推动专业合作社、家庭牧场、经纪人等生产经营主体的培育，提高各类主体的生产经营管理水平及其规模化、专业化和组织化程度，培养其市场意识和品牌意识，引导各类生产经营主体做好品牌创建、商标注册、“三品一标”认证等工作，推进产品品牌化进程。第二，统筹不同生产经营主体的综合利益和品牌价值观念，依托区域资源禀赋，打造具有区域影响力的绒毛产业区域品牌，推动“一县一业”和“一村一品”的特色产业格局，助力乡村振兴。同时加强绒毛产品生产过程监管，建立品牌评级体系，严格执行品牌进入及退出标准和程序，推广相关主体畜牧业标准化养殖生产技术，特别是无公害、绿色畜产品的养殖生产加工技术，提升品牌质量和品牌竞争力。第三，加强绒毛产品品牌营销，提升产品品牌、企业品牌和区域品牌的知名度。积极推进绒毛产业与“互联网＋”融合发展，借助农展会、营销推介、各种电商平台活动开展产销对接与交流互动，健全绒毛用羊相关产品销售门店及配送体系，提升绒毛用羊产业品牌影响力。

分报告一

2023年细毛羊产业发展调研报告

国家绒毛用羊产业技术体系

产业经济研究团队　　张掖综合试验站
三角城综合试验站

2023年7月，为了准确掌握2023年度我国细毛羊养殖形势，了解细毛羊产业发展现状，破解细毛羊产业发展的难题，国家绒毛用羊产业技术体系产业经济研究团队根据我国细毛羊分布情况，与甘肃张掖综合试验站和青海三角城综合试验站合作，赴甘肃和青海进行实地调查，先后对甘肃张掖市肃南裕固族自治县（简称肃南县）、武威市天祝藏族自治县（简称天祝县）和青海三角城种羊场的细毛羊产业发展情况进行调研。调研采取农牧户问卷调查，以及与调研地区畜牧管理部门相关领导，种羊场、合作社和规模养殖场主要负责人，羊毛收购商贩、饲料销售商等产业主体进行座谈等多种形式。在调研过程中我们得到了张掖综合试验站刘继刚站长、甘肃省绵羊繁育技术推广站文亚洲科长、王喜军副科长，天祝县畜牧技术推广站李开辉站长、祁万祯副站长、李锋红高级畜牧师，肃南县畜牧兽医服务中心安玉锋主任，青海省种羊繁育推广中心王雷站长、裴全帮饲养管理部长等人的大力配合，调研工作得以开展并顺利完成。

本报告基于此次调研，重点分析2023年调研地区细毛羊的养殖形势和产业发展现状及存在问题，并提出促进细毛羊产业发展的对策建议。

一、细毛羊养殖形势与产业发展现状

（一）调研地区细毛羊养殖品种各具特色

甘肃、青海等科研人员经过多年的艰辛努力，已经培育出既能适应当地气候环境又具备良好生产性能的细毛羊品种。各调研地区培育的主要细毛羊品种及其产毛性能指标如表1所示。

表1　2023年各调研地区细毛羊品种及其产毛性能指标

调研地区	品种	细度（支数）	长度（厘米）	净毛率（%）	单产水平（千克/只）
肃南县	甘肃高山细毛羊	64～66支	8.0	46	3.8
	高山美利奴羊	66～70支	8.0	46	4.0
天祝县	天华肉用美利奴羊	60～66支	8.5	44	4.8
三角城种羊场	青海毛肉兼用细毛羊	64～70支	8.0	50	3.8

数据来源：各调研县农牧业主管部门统计资料和访谈记录。

注：各指标项均为成年母羊所产细羊毛的质量指标。

肃南县养殖的主要品种是甘肃高山细毛羊和高山美利奴羊。甘肃高山细毛羊以新疆细毛羊和高加索细毛羊为父本，以当地藏羊和蒙古羊为母本，经过杂交改良、横交固定和选育提高，于1980年通过了国家有关部门的鉴定。该品种对高寒草地具有良好的适应性，具有耐粗饲管理、对牧草选择性不大且利用率较高、善于爬山远牧、游走能力强等特点。甘肃高山细毛羊体格中等，体质结实，被毛纯白，套毛结构紧密，毛丛弯曲整齐、匀称、清晰，同质性好，弯曲度以大弯为主，油汗呈乳白色。高山美利奴羊是以澳洲美利奴羊为父本，以甘肃高山细毛羊为母本，从20世纪90年代初开始运用杂交育种和现代分子育种相结合的方法培育而成，于2015年12月21日经国家畜禽遗传资源委员会羊专业委员会审定通过，正式命名为“高山美利奴羊”。该品种适应2 400～4 070米海拔的生态区，是我国首例适应高山寒旱生态区的细型细毛羊新品种，具有体型外貌基本一致、抗逆性强、产毛性能良好、遗传性能稳定等特点。高山美利奴羊体质结实，结构匀称，体型呈长方形，被毛白色且呈毛丛结构，整齐均匀、密度大、光泽好、闭合性良好，弯曲正常，油汗为白色或乳白色。

天祝县养殖的主要品种是天华肉用美利奴羊，该品种以南非肉用美利奴羊为父本，以甘肃高山细毛羊为母本，由兰州大学李发弟教授的专家团队从2009年开始选育，采用核心育种场、育种扩繁场、育种基地三级开放式育种方案，是历时12年培育的肉毛兼用型新品种。该品种具有体型外貌一致、生产性能突出、遗传性能稳定的生产特性，对高寒牧区气候具有较强的适应性。天华肉用美利奴羊体格健壮，身形高大。与甘肃高山细毛羊相比，该品种毛用性能和肉用性能均有所提升。

三角城种羊场养殖的主要品种是青海毛肉兼用细毛羊，该品种是在藏系羊和国内外细毛羊品种杂交的基础上，在四代杂交品种中选择理想型个体进行横交固定而育成的高原型绵羊品种，于2009年经国家畜禽品种资源委员会审定通过，正式命名为“青海毛肉兼用细毛羊”。该品种对海拔3 000米左右的高寒牧区有很好的适应性，具有善于登山远牧、耐粗放管理、抗病性强等特点。青海毛肉兼用细毛羊体质结实，结构匀称，背腰平直，被毛纯白且呈毛丛结构，闭合性良好，羊毛细度均匀，弯曲正常，油汗适中。

（二）调研地区细毛羊养殖规模均呈下降趋势

2023年各调研地区细毛羊养殖规模均呈下降趋势。各调研地区2023年底细毛羊存栏总量为66.60万只，比2022年底减少2.00万只，降幅为2.92%。具体来看，肃南县、天祝县和三角城种羊场2023年底细毛羊存栏量分别为25.00万只、40.20万只和1.40万只，较2022年分别减少1.30万只、0.30万只和0.40万只，降幅分别为4.94%、0.74%和22.22%（表2）。

表2　2022—2023年各调研地区细毛羊存栏量

单位：万只

调研地区	2022年	2023年	变化率（%）
肃南县	26.30	25.00	−4.94
天祝县	40.50	40.20	−0.74
三角城种羊场	1.80	1.40	−22.22
合计	68.60	66.60	−2.92

数据来源：各调研地区农牧业主管部门统计资料和访谈记录。

藏系羊冲击、细羊毛价格和活羊价格下跌是肃南县和天祝县细毛羊养殖规模下降的主要原因。首先，细毛羊需要精细化管理，适合“夏秋季放牧＋冬春季舍饲”的养殖方式，而藏系羊远牧和啃食能力强，适合“全年放牧＋少量补饲”，饲养成本偏低且具有生长发育快、抗病性强等特点，因此牧民更倾向于养殖难度较低的藏系羊。其次，近年来，细羊毛收购价格持续下跌，两县的细羊毛价格分别从 2019 年的 35.0 元/千克和 16.0 元/千克下跌至 2023 年的 17.5 元/千克和 10.0 元/千克，跌幅高达 50.00％和 37.50％。羊毛收益下降打击了农牧户养殖积极性，导致细毛羊养殖规模下降。最后，活羊价格也呈下降趋势，以肃南县活羊销售为例，4 月至 5 月龄出栏羔羊活重 30 千克，2022 年销售价格为 700 元/只，2023 年销售价格为 600 元/只，销售价格下跌 14.29％。活羊价格下跌挫伤了农牧户的养殖积极性。此外，劳动力老龄化、饲草资源短缺、饲草价格上涨等因素进一步削弱了细毛羊产业发展韧性。

三角城种羊场细毛羊养殖规模下降除受藏系羊冲击和细羊毛价格下降影响之外，牧工自留畜清理政策是养殖规模下降的主因。数据显示，三角城种羊场细毛羊养殖规模呈逐年递减趋势，从 2019 年的 2.80 万只下降到 2023 年的 1.40 万只，降幅为 50.00％。近年来，由于种羊场牧工自留畜数量增长较快，导致种羊场草场超载问题日益严重，影响了天然草场质量，同时牧工自留畜容易引起串种，不利于保种工作。三角城种羊场从 2015 年底开始对职工自留畜进行清理，职工自留畜数量大幅度减少，导致种羊场细毛羊养殖规模呈下降趋势。

（三）调研地区细羊毛产量均呈下降趋势

受细毛羊存栏量变化的影响，2023 年调研地区的细羊毛产量总体呈下降趋势。2023 年调研地区细羊毛总产量为 2 657.10 吨，比 2022 年减少了 104.10 吨，降幅为 3.77％。肃南县、天祝县和三角城种羊场的细羊毛产量均较 2022 年明显下降。具体来看，2023 年肃南县、天祝县和三角城种羊场的细羊毛产量分别为 987.50 吨、1 611.60 吨和 58.00 吨，与 2022 年相比分别减少了 38.20 吨、48.90 吨和 17.00 吨，降幅分别为 3.72％、2.94％和 22.67％（表 3）。

表 3　各调研地区 2022—2023 年细羊毛产量变化情况

单位：吨

调研地区	2022 年	2023 年	变化率（%）
肃南县	1 025.70	987.50	−3.72
天祝县	1 660.50	1 611.60	−2.94
三角城种羊场	75.00	58.00	−22.67
合计	2 761.20	2 657.10	−3.77

数据来源：各调研地区农牧业主管部门统计资料和访谈记录。

注：各调研地区剪羊毛时间集中在 5—7 月，2023 年调研地区细羊毛产量数据为实际生产数据。

（四）调研地区细羊毛价格均较 2022 年下跌

2023 年各调研地区细羊毛销售价格均下跌。具体来看，肃南县、天祝县和三角城种羊场的细羊毛平均价格分别为 17.50 元/千克、10.00 元/千克和 18.50 元/千克，较 2022 年的 24.00 元/千克、13.00 元/千克和 19.00 元/千克，分别下降 27.08%、23.08%和 2.63%（表 4）。

表 4　各调研地区 2022—2023 年细羊毛平均价格变化情况

单位：元/千克

调研地区	2022 年	2023 年	变化率（%）
肃南县	24.00	17.50	−27.08
天祝县	13.00	10.00	−23.08
三角城种羊场	19.00	18.50	−2.63

数据来源：各调研地区农牧业主管部门统计资料和访谈记录。

2023 年细羊毛价格下跌是多种因素共同作用的结果。俄乌冲突、国际关系紧张等不确定因素导致全球经济面临通胀高企、增长持续疲软的重大风险，进而引发原料成本上涨、市场需求低迷等问题，国内羊毛市场出现旺季不旺、淡季更淡的景象，供应商、生产企业均面临着下游需求下降、国际订单转移等困难。

首先，羊毛市场需求持续低迷。2023 年全球经济复苏形势不容乐观，国内制造业景气水平回落，消费市场需求疲软，毛纺企业面临订单减少、库存积压、人工成本上涨等问题，利润空间压缩，引致企业对原材料需求下降。从国际市场来看，俄乌冲突导致国际经济形势不容乐观，发达市场进口普遍低迷。作为全球主要服装消费市场，美国、欧盟服装进口持续低迷，均呈下降趋势。据美国商务部数据，2023 年 1—11 月，美国纺织服装进口额为 1 129.5 亿美元，同比下降 22.4%，其中自中国进口额为 291.5 亿美元，下降 26.2%。据欧盟统计局数据，2023 年 1—10 月，欧盟服装进口额为 803 亿美元，同比下降 14.5%，其中自中国进口额为 227.3 亿美元，同比下降 28.3%。从国内市场来看，据中国纺织工业联合会数据，2023 年 1—11 月，我国服装行业规模以上企业工业增加值同比下降 8.3%，规模以上企业完成服装产量 176.78 亿件，同比下降 9.95%。

其次，国际关系紧张加剧了中国毛纺加工企业订单减少和转移。以美国为首的西方国家实施“遏华战略”，导致我国与西方国家的国际关系不稳定，直接影响了跨国企业的生产布局和我国纺织品服装出口。美国“涉疆法案”的实施（2022 年 6 月 21 日正式生效）不仅严重影响了我国对美国纺织品的出口，而且对我国向其他西方发达市场的出口也产生负面连锁效应。据海关总署数据，2023 年我国纺织品服装出口额为 2 936.4 亿美元，同比下降 8.1%，其中：纺织品出口额为 1 345.0 亿美元，同比下降 8.3%；服装出口额为 1 591.4 亿美元，同比下降 7.8%。

最后，澳毛对国产羊毛价格产生较大冲击。长期以来，澳毛在国际羊毛市场价格形成中处于主导地位，国产羊毛缺乏定价权。受国际关系不稳定、市场需求疲软等因素的影响，国产羊毛市场行情不容乐观。在羊毛品质方面，澳毛具有纤维长、密度高、吸湿性好、卷曲性好、拉伸性好、恢复性优良等特点，且在生产、销售、运输等环节的可追溯体系较完善，与国产羊毛相比更具竞争优势。2023 年，澳毛价格持续下行，在全球需求下行的情况下，更多加工企业将澳毛作为首选，导致国产羊毛市场竞争压力更大。

（五）细毛羊养殖条件和管理技术有所改善

各调研地区均处于草原牧区，受访的农牧户大多拥有一定面积的天然草场或饲草料地。随着国家对草原生态环境保护的重视和对草食畜牧业发展财政投入的不断增加，农牧户的养殖条件有所改善，饲养管理和技术水平也逐渐提高。

在养殖条件方面，各调研地区大多数农牧户在地方政府扶持下修建了专门用于细毛羊养殖的暖棚圈舍，并且通过购置、自制等途径配备有草料架、水槽、盐槽等基本饲喂设施，部分地区的农牧户还修建了细毛羊养殖的标准化圈舍。调研资料显示，肃南县已建成养殖小区（场）85 个、暖棚羊舍 13 547 座、省级标准化示范场 5 个、市级标准化示范场 9 个；天祝县已建成农户暖棚约 1 500座，覆盖率达 100%，省级标准化示范场 7 个；三角城种羊场已建成暖棚圈舍 176 栋，储草棚、饲料棚等配套设施较为齐全。

在饲草料生产加工方面，各调研地区的细毛羊饲草料以天然牧草、农牧户自产或购买的玉米、燕麦草、苜蓿、秸秆等为主，部分养殖户会对种公羊、怀孕母羊、产羔母羊、羔羊分别按不同标准补饲以满足其营养需求。此外，各调研地区均注重细毛羊养殖所需饲草料的种植。调研资料显示，肃南县种植牧草 13.4 万亩，饲草产量 12 万吨，农作物秸秆量 12.3 万吨，秸秆饲料化利用率达到 85%以上，天祝县人工种草 30 万亩；两县农牧户一般承包 10～20 亩耕地种植燕麦草和玉米，能够熟练掌握饲草种植和简单加工技术，配方饲料以外购为主，仅有少数育肥大户修建有青贮窖，掌握青贮加工技术，比例仅 2%～3%。三角城种羊场人工种草 4 800 亩、油菜 28 000 亩，每年收储燕麦草 1 750 吨、油菜秸秆 780 吨，均可用于细毛羊饲喂；种羊场依托项目资金修建青贮窖 3 座，容量为 1 500 立方米，职工能够熟练掌握青贮加工技术。

在畜牧机械使用方面，部分农牧户拥有剪毛机、拖拉机等小型机械设备，部分养殖大户和规模养殖场拥有大中型饲料粉碎机、铡草机和揉丝机等设备。肃南县和天祝县农牧户家中一般有剪毛机、拖拉机等小型机械，养殖大户或规模场一般拥有撒料机、搅拌机、揉丝机等中大型机械。三角城种羊场拥有拖拉机、青贮收割机、打捆机、清选机、播种机、大型饲料粉碎机、剪毛机、打包机等机械设备，并为农牧户提供统一技术服务。

在养殖技术应用方面，调研地区之间略有差异。从舍饲管理技术看，由于调研地区农牧户多以“放牧＋补饲”的养殖方式为主，农牧户基本熟练掌握圈舍修建、舍饲管理、饲草料加工等实用养殖技术。从人工授精技术看，该技术在各调研地区推广应用时间较早，技术普及率较高。具体来看，肃南县和天祝县分别建有绵羊配种站点 160 个和 130 个，为农牧户细毛羊提供免费配种服务，人工授精技术普及率比例约为 85%，农牧户能够较为熟练地掌握良种选育选配技术，2023 年肃南县依托项目资金开展了细毛羊胚胎移植实验；三角城种羊场拥有配种站 9 个，每年可配种细毛羊 1.5 万只，人工授精技术普及率为100%。从“穿羊衣”技术看，肃南县和三角城种羊场均采用“穿羊衣”技术，三角城种羊场每年免费给各示范县赠送“羊衣”，通过技术示范逐步提高了细羊毛质量。

在剪毛方面，各调研地区机械剪毛率较高。肃南县和天祝县的机械剪毛率均为100%，其中肃南县有46个标准化机械剪毛棚和3支专业剪毛队，每年为农牧户提供有偿剪毛服务，剪毛费为10元/只。专业剪毛队为农户自行发起，不仅在肃南县、甘肃省内提供剪毛服务，甚至到云南、山东等省份提供机械剪毛服务。天祝县养殖户家中普遍拥有机械剪毛机，当地政府部门、合作社对农牧户开展机械剪毛培训，部分养殖户购买剪毛机专门从事有偿剪毛服务，剪毛费为10元/只。三角城种羊场对细毛羊均采用机械剪毛技术，规程按照青海地方标准《青海毛肉兼用细毛羊羊毛机械剪毛操作规程》（DB 63/ T1038—2011）执行。三角城种羊场在每年剪毛月份组织约45名职工对场内细毛羊进行统一的机械剪毛，剪毛费为5元/只，每人每天可剪200只羊。剪毛后直接对羊毛进行分级打包，羊毛分为70支、66支、64支和边肷毛4类，以“工牧直交”的方式直接销售给江苏张家港市等地的毛纺加工企业。

（六）各调研地区细毛羊养殖效益存在一定差异

细毛羊养殖效益直接影响着养殖户的生产和生活，是细毛羊养殖的直接驱动因素。细毛羊养殖纯收益是整个出栏周期内养殖总收益减去养殖过程中投入的现金、实物、劳动力和土地等全部生产要素成本后的余额，反映了细毛羊养殖过程中消耗的全部资源的净回报。调研资料显示，各调研地区细毛羊养殖效益在养殖总收益、养殖总成本、养殖纯收益、成本利润率4个方面均存在一定差异。

从养殖总收益及其构成情况来看，农牧户细毛羊养殖总收益由细羊毛产值、出栏羊销售收入和其他副产品产值组成。2023年细毛羊养殖户平均养殖总收入为940.89元/只，其中：细羊毛产值为55.00元/只，仅占养殖总收益的5.85%；而出栏羊销售收入为882.83元/只，占养殖总收益的比例高达93.83%，是细毛羊养殖收益最重要的组成部分；其他副产品产值为3.06元/只，占养殖总收益的0.32%。由于各调研地区的养殖环境、养殖品种、养殖周期以及细羊毛和出栏羊销售途径等不尽相同，使得各地区细毛羊养殖总收益存在一定差异。其中，肃南县、天祝县和三角城种羊场农牧户细毛羊养殖平均总收益分别为905.25元/只、843.47元/只和1 065.33元/只。三角城种羊场细毛羊养殖平均总收入相对较高主要是由于出栏羊收益较高，出栏羊平均活重为 43.00 千克/只，而肃南县和天祝县出栏羊平均活重分别为 35.09 千克/只和 31.46 千克/只，较高的出栏活重使出栏羊销售收入增加，从而导致三角城种羊场细毛羊养殖平均总收益明显高于其他地区。此外，三角城种羊场细羊毛质量较好，与张家港市等地的毛纺加工企业具有相对稳定的交易关系，市场销售价格较高，进而促使其羊毛产值较高。

从养殖总成本及其构成情况来看，细毛羊养殖户平均养殖总成本为 642.48 元/只，其中主要构成项目为幼畜购进费（羔羊折价）、精饲料费、饲草费和固定资产折旧，四者占养殖总成本的比例高达 89.78%，而其他成本项目合计仅占 10.22%。肃南县、天祝县和三角城种羊场农牧户细毛羊养殖平均总成本分别为 626.97 元/只、540.77 元/只和 759.67 元/只。三角城种羊场细毛羊养殖平均总成本明显高于其他地区细毛羊养殖平均总成本，其主要原因是种羊场精饲料费、雇工费较高，标准化规模养殖建设程度高、机械设备相对较多导致固定资产折旧费用高于其他两县。

从养殖纯收益和成本利润率来看，细毛羊养殖户平均养殖纯收益为 298.41 元/只，养殖细毛羊的平均成本利润率为 46.45%。由于在养殖总成本和总收益方面存在地区差异，导致各地区的养殖纯收益、成本利润率均存在一定差异，肃南县、天祝县和三角城种羊场的农牧户细毛羊养殖纯收入分别为 278.28 元/只、302.70 元/只和 305.66 元/只，成本利润率分别为 44.38%、55.98%和 40.24%（表 5）。

表 5　2023 年调研地区细毛羊养殖收益和成本情况

项目	样本总体	肃南县	天祝县	三角城种羊场
养殖收益合计（元/只）	940.89	905.25	843.47	1 065.33
细羊毛产值（元/只）	55.00	32.18	63.18	72.57
细羊毛产量（千克/只）	3.58	3.22	3.77	3.76
细羊毛价格（元/千克）	15.35	10.00	16.76	19.30
出栏羊销售收入（元/只）	882.83	867.85	780.08	989.00
出栏羊平均活重（千克/只）	36.52	35.09	31.46	43.00
出栏羊平均价格（元/千克）	24.18	24.73	24.79	23.00
其他副产品产值（元/只）	3.06	5.22	0.21	3.76

（续）

项目	样本总体	肃南县	天祝县	三角城种羊场
养殖成本合计（元/只）	642.48	626.97	540.77	759.67
幼畜购进费（羔羊折价）	320.58	316.36	325.38	320.00
精饲料费	145.15	143.72	78.74	213.00
饲草费	69.40	87.55	53.14	67.50
饲盐费	0.74	0.96	1.15	0.11
医疗防疫费	8.23	6.38	4.79	13.50
雇工费	11.11	3.24	5.85	24.26
水电燃料费	4.01	3.56	4.29	4.17
死亡损失费分摊	21.36	23.69	26.15	14.23
草场租赁费	12.43	22.11	15.18	0.00
修理维护费	5.89	3.27	4.43	9.98
固定资产折旧	41.68	15.48	21.30	88.24
其他费用	1.90	0.65	0.37	4.68
养殖纯收益（元/只）	298.41	278.28	302.70	305.66
成本利润率（%）	46.45	44.38	55.98	40.24

数据来源：根据2023年产业经济研究团队在甘肃、青海的农牧户问卷和种羊场访谈数据整理计算得出。

注：此处是以出栏口径计算细毛羊养殖的成本收益，即计算一只细毛羊从出生至出栏整个时期的平均成本收益情况，其中，细羊毛产值和出栏羊销售收入为相应单产和价格原始数据相乘计算所得并保留2位小数。

（七）调研地区产业组织化程度偏低，部分地区形成了较为成熟的产业组织模式

从调研情况看，各调研地区合作社数量相对较少且多数运作不规范，产业组织化程度相对较低，但部分调研地区形成了较为成熟的产业组织模式，不同养殖主体之间建立了紧密的利益联结机制，组织化程度较高。通过调研了解到，调研地区发展较为成熟的产业组织模式主要有“天然放牧＋舍饲养殖＋异地借牧”和“种羊场＋基地＋农牧户”2种。

肃南县发展较为成熟的产业组织模式是“天然放牧＋舍饲养殖＋异地借牧”的绿色精准养殖模式，即积极引导农牧民走“夏秋季节天然放牧＋冬春季

节舍饲养殖或异地借牧”相结合的现代畜牧业发展道路，以租田借牧的方式推进草畜平衡，通过异地借牧，草原植被得到休养生息，农牧民实现增收致富，粪污秸秆得到有效利用，实现了发展生产与保护生态“双赢”目标。2022年肃南县借牧群众涉及6个乡镇51个行政村510户，占养殖户的12.02%，借牧牲畜15.28万头（只），折合羊单位19.91万个，占年末牲畜存栏的17.68%。借牧时间为每年10月至次年3月，借牧面积21.24万亩，租地费因产草量差异、人际关系等因素，亩均租金在120～200元，租地、运输、养殖等产生的各项费用为3万～10万元，借牧期每个羊单位日均费用1元左右。这种绿色精准养殖模式给肃南县带来了较大的经济、生态和社会效益。在经济效益上，从租赁方而言，牧区养殖户通过异地租赁养殖棚圈进行舍饲养殖或租赁玉米等秸秆地饲养牲畜，一方面节约了冬春季节舍饲成本，另一方面玉米等秸秆草营养成分高，羊只采食后上膘快，母畜奶水足，羔羊成活率高；从出租方而言，出租秸秆地减少了农区种植户焚烧秸秆造成的环境污染和秸秆处置费用，提高了耕地的有机肥。在生态效益上，经牧草监测（2020—2022年）统计，异地借牧后天然草原放牧牲畜年减少7.5万个羊单位，草原生态人为活动逐年减少，草原植被得到有效恢复，生态环境持续改善，生态效益明显提升。在社会效益上，通过异地借牧，充分利用农区秸秆地饲料发展畜牧产业，解决了禁牧草场牧户舍饲养殖缺草缺料问题，达到了禁牧不禁养、减畜不减收的目的；同时，通过异地借牧方式，进一步加强了与周边县域群众的友好往来和沟通交流，增进了民族团结，维护了社会稳定。

三角城种羊场采用“种羊场+基地+农牧户”的模式带动农牧户养殖细毛羊。三角城种羊场实行细毛羊经济承包责任制，即种羊场与生产大队签订承包合同，生产大队将细毛羊承包给牧工，每月按畜群只数给牧工发放工资，牧工没有自主经营权，年终根据承包人员的生产任务完成情况兑现奖励。在经济承包责任制下，种羊场给牧工分配细毛羊并配备一定面积的草场，实行“三保证”“五统一”和“四定一奖”的管理制度①，牧工将全部产品交给种羊场，根据完成各项任务、利润、经费包干和各种经济指标的情况兑现奖赔。在“种

① “三保证”即保证种畜质量、保证育种工作和保证社会发展对良种的需要，“五统一”即统一领导、统一计划、统一技术管理、统一产品处理、统一管理使用生产设施和基本建设，“四定一奖”即定保畜、定羔羊繁活、定羊毛产量、定体重和超产奖励。

羊场＋基地＋农牧户”的产业组织模式下，种羊场和农牧户权责分明，存在较为紧密的利益联结关系，组织化程度较高。

（八）调研地区羊毛销售渠道仍以贩子收购为主，“工牧直交”方式发展较为迅速

目前我国细毛羊养殖仍以家庭为单位分散经营，贩子收购仍然是当前最主要的羊毛交易方式，但是部分地区“工牧直交”方式发展较为迅速。肃南县和三角城种羊场主要通过“工牧直交”的方式销售细羊毛，而天祝县羊毛销售仍然是以贩子收购为主。肃南县加入了细毛羊养殖合作社的农户均由合作社统一组织销售，合作社事先并未与任何毛纺加工企业签订羊毛销售协议，但由于合作社将分散农户的细羊毛集中销售，提高了细羊毛的交易规模，因此，江苏张家港市等地的毛纺加工企业会在每年7月份左右来收购。在收购过程中，由合作社负责人与毛纺企业进行价格协商，最后由社员通过民主表决的方式决定是否按照协商价格出售。若表决同意出售，毛纺企业会直接与合作社负责人结算羊毛销售总款项，再由合作社负责人将羊毛销售额分给各入社农牧户。在羊毛销售过程中，合作社并不收购社员羊毛，也不收取佣金。肃南县约80%的细羊毛通过“工牧直交”方式销售，且收购企业相对比较固定，其余未加入合作社的农牧户仍然采用贩子上门收购方式出售羊毛，其细羊毛价格一般低于合作社统一销售的价格。

天祝县农牧户的细羊毛销售全部依靠贩子上门收购，没有建立专业的羊毛收购站，也很少有毛纺加工企业到当地收购细羊毛，仅山东个别毛纺企业委托当地的商贩收购农牧户的细羊毛。贩子在收购细羊毛时，主要凭经验来给出价格，然后由农牧户与贩子经过讨价还价来确定最终的成交价格。该交易方式按污毛计价、混级收购。

三角城种羊场羊毛通过机械剪毛、分级整理和规格打包等环节，将羊毛分为70支、66支、64支和边肷毛4类，统一由青海省纤维检验局免费进行公证检验，毛纺加工企业根据羊毛质量检测结果直接与种羊场议价收购羊毛，并最终签订正规的采购合同。该场羊毛销售方式也属于“工牧直交”，具有公开透明、优毛优价的特点，近年来三角城种羊场一直是采取此种方式销售羊毛。

（九）各调研地区细毛羊产业扶持政策存在一定差异

各调研地区均位于我国草原牧区省份，对畜牧业都比较重视，均执行了国

家制定的促进草原畜牧业发展的相关扶持政策，如包括禁牧补助、草畜平衡奖励等在内的草原生态保护补助奖励政策、畜牧机械购置补贴政策和动物防疫补贴政策等，个别地区还针对细毛羊出台了种公羊补贴、人工授精补贴、棚圈建设补贴、标准化规模养殖补贴、养殖保险补贴、贴息贷款等政策。但是就细毛羊产业而言，各地扶持力度存在一定差异。

肃南县一直以养羊业为主，甘肃高山细毛羊和高山美利奴羊是该县的主导畜种。当地政府高度重视细毛羊产业的发展，出台了大量的扶持政策，不断改善基础条件、强化技术服务、推行标准化生产技术，使细毛羊品种质量不断提高，产业发展较为迅速。该县县级财政每年列支 600 万元支持绿色畜牧业发展，2023 年县级财政扶持资金为 800 万元。在草原生态保护补奖政策方面，肃南县第三轮草原生态保护补奖政策实施面积 2 091.9 万亩，其中：禁牧面积 1 102.21万亩，补助标准为山地草原类 21.84 元/亩，山地荒漠草原类 15.5 元/亩，荒漠草原类 13.16 元/亩，高寒草原类 6.82 元/亩；草畜平衡面积 989.69 万亩，补助标准为山地草原类 2.59 元/亩，山地荒漠草原类 2.08 元/亩，荒漠草原类 1.89 元/亩，高寒草原类 1.38 元/亩。在畜牧机械购置补贴方面，农牧户购买补贴目录内的畜牧机械，中央财政按照农机具价格的 30%进行补贴。在动物防疫补贴方面，肃南县一年集中 2 次防疫，强制免疫的小反刍兽疫、口蹄疫等疫苗免费，对布鲁氏菌病、棘球蚴病等实施常规检测净化，羊痘、驱虫以及常见病的治疗药物费用则由农牧户自行承担，防疫员工资为每年 8 000 元。在种公羊补贴方面，肃南县每年引进优质种公羊 60 只，每只补助3 000元；农牧户购买种公羊，县财政按 800 元/只的标准补贴给种羊场，农户按1 000元/只的价格自付购买种羊。在人工授精补贴方面，肃南县细毛羊配种站每年按 10 000 元/站的标准获得补贴，要求上站授配时间为 35 天，最低不少于 20 天。在棚圈建设补贴方面，肃南县每建设一个 150 平方米以上的养殖棚圈，补贴 1 万～3 万元。在标准化规模养殖补贴方面，肃南县实施“两年三胎”高繁技术推广政策，实施该技术的养殖主体，养殖规模达 3 000 只以上的，细毛羊每只补助 60 元；对开展标准化生产、机械剪毛、分级整理、规格打包、统一使用商标的村级合作社，按 6 元/千克的标准给予合作社补贴，由合作社进行分配，其中 1 元作为合作社运营费用，5 元分给农户。在养殖保险补贴方面，实行应保尽保，每只羊保险金额 500 元，保费 25 元，其中中央、省、县三级财政分别负担保费补贴的 40%、30%和 20%，剩余 10%由农牧户承担，农牧户仅需缴纳保费 2.5 元。在贴息贷款方面，对年末存栏量达到 100 只以上，且适龄母畜比例达到 80%以上的养殖户，给予 5 万～10 万元的贴息贷款（100 只以上，每增加 20 只增加 1 万元贷款额度），贷款户按照 2%的年利率承担利息，剩余利息由县财政承担。此外，肃南县每年会评选 10 个规范的细毛羊农牧民专业合作社，对其奖励 2 万元。

天祝县也比较重视细毛羊产业的发展，该县近年来在细毛羊良种繁育体系建设、设施畜牧业建设方面投入较多。在草原生态保护补奖政策方面，天祝县自 2022 年起，按照禁牧补助 21.67 元/亩、草畜平衡奖励 3.35 元/亩的标准执行。在畜牧机械购置补贴方面，该县农牧户在购置细毛羊养殖机械时，除了享受中央 30%的财政补贴外，县财政还会根据《天祝县 2023 年农技推广扶持政策》对于部分机具给予再补贴。在动物防疫补贴方面，强制免疫的口蹄疫、小反刍兽疫、布鲁氏菌病和棘球蚴病等 4 类疫苗全部免费，其他疫苗和药品由农户自行承担；村级防疫员的工资为每年每人 10 000 元，其中省级财政承担 4 000元，其余 6 000 元由县财政承担。在种公羊补贴方面，开展天华肉用美利奴羊扩繁推广工作的科研单位、核心育种场、育种扩繁场，如培育出符合理想型标准的种公羊，经业务部门鉴定验收引调至扩繁推广群的，共 700 只，每只补助 3 000 元；对天祝种羊场培育的所有核心群和扩繁群，经鉴定合格的天华肉用美利奴羊，共计 14 000 只，每只补助 600 元。在人工授精补贴方面，每年投入 30 万元新建人工授精（冻精授配）站 10 个，对于优质细毛羊通过人工授精方式开展繁育工作，每授配 1 只羊补助 10 元。在暖棚圈舍补贴方面，天祝县 2022 年美丽乡村人畜分离养殖暖棚建设，对当年新建的美丽乡村人畜分离养殖暖棚，达到进畜标准，且养殖圈舍面积在 100 平方米以上的，每平方米补助 100 元。在标准化规模养殖补贴方面，通过“牧区繁育、农区育肥”模式开展牛羊育肥的标准化养殖场和家庭农场，当年进畜羊在 5 000 只以上的，每只补助 20 元；青贮量达到 300 吨以上或运用新技术（裹、套袋）青贮达到 50 吨以上的，每吨补贴 40 元。在养殖保险补贴方面，天祝县对天华肉用美利奴羊按照省级补贴品种提供保险保费补贴，补贴数量 85 869 只，保额 700 元/只，费率 4%，缴纳保费 28 元/只，其中：省级财政补贴 40%，保费为 11.2 元；市级财政补贴 15%，保费为 4.2 元；县级财政对已脱贫建档立卡户补贴 35%，保费为 9.8 元，农户自行承担 10%，保费为 2.8 元，计划补贴 341 户 41 724 只羊；县财政对一般投保户补贴 25%，保费为 7 元，农户自行承担

20%，保费为 5.6 元，共计划补贴 44 145 只。

三角城种羊场是国家级种畜场，细毛羊产业是该场的支柱产业之一，其在草原生态保护补助奖励、动物防疫、畜牧良种、棚圈建设及标准化规模养殖补贴等方面均有扶持政策，部分补贴依托于项目资金。在草原生态保护补助奖励政策方面，青海根据各地禁牧区草原面积、测定草原承载能力并折算成标准亩系数，结合国家禁牧补助测算标准，综合考虑各地上年度人均牧业纯收入、牧民人口数量、禁牧草原面积及减畜减收等因素，确定各地禁牧补助标准。三角城种羊场禁牧补助标准为 18.05 元/亩，草畜平衡奖励统一按照国家 2.5 元/亩的标准给予奖励。在动物防疫补贴方面，除了定期防疫和强制免疫外，种羊场还有疫病净化补贴，自 2014 年开始，每年安排 10 万元用于消除羊痘、口蹄疫、布鲁氏菌病等检测净化。在畜牧良种补贴方面，中央财政牧区良种补贴项目对种羊场为农牧户提供的青海毛肉兼用细毛羊按 800 元/只的标准给予补贴，省级财政畜牧良种补贴项目对种羊场为农牧户提供的青海毛肉兼用细毛羊按 1 000元/只的标准给予补贴。在棚圈建设补贴方面，除了近 3 年新建的 54 栋暖棚圈舍外，还依托青海省三角城种羊场 2020 年核心场、肉蛋奶基地、高效养殖基地配套基础设施建设项目，建设肉蛋奶基地绿化 1 370 平方米、绵羊高效养殖基地绿化 3 000 平方米，采取先建后补方式，补贴 5%。项目建成后，青海毛肉兼用细毛羊核心场、肉蛋奶基地、绵羊高效养殖基地配套基础设施将进一步完善。3 个生产基地功能齐全，集生产、科研、推广、教学等功能为一体，以点带面，可辐射带动种羊场细毛羊生产性能的全面提升。在标准化规模养殖补贴方面，省级扶持资金作为引导资金，采取先建后补的方式，经县级农业农村部门验收合格后给予一次性补助。新建和 2022 年仍在建的大型规模养殖场建成后，按照投资总额的 5%一次性给予补助且每个项目不得高于 250 万元，一般畜禽规模养殖场建成后每个畜禽规模养殖场给予一次性补助 25 万元。

二、细毛羊产业发展存在的问题

（一）农牧户养殖积极性下降，转产、弃养现象较为普遍

从调研情况看，受中国经济下行压力加大、市场需求疲软、外循环受阻、居民消费需求不确定性增加等因素影响，调研地区细羊毛价格连续 5 年走低，不断突破历史低位，且同期活羊销售价格显著下跌，导致调研地区农牧户养殖

细毛羊积极性下降，逐渐放弃养殖细毛羊，转产肉毛兼用型经济杂交改良品种、藏系羊或牦牛，且养殖主体老龄化趋势加剧，进一步削弱了细毛羊产业发展韧性，导致调研地区细毛羊整体养殖态势日趋严峻。从调研访谈资料看，受比较效益、传统养殖习惯、人口老龄化等因素影响，部分农牧户用陶赛特、萨福克等肉羊品种与细毛羊基础母羊进行F1代经济杂交，部分农牧户转产藏系羊或直接退出养殖细毛羊，导致肃南县和天祝县细毛羊养殖规模均有所下降。具体来看，一方面，经济杂交后代产肉率、生长速度均高于细毛羊，在同等育肥条件下，杂交羊脂肪含量显著低于细毛羊，更受收购商贩和消费者青睐，因此农牧户更倾向于养殖经济效益较好的杂交羊；另一方面，藏系羊具有耐粗饲、抗病性强、断奶成活率高、远牧和啃食能力强等特点，对寒旱气候条件和天然放牧饲养条件的适应性优于细毛羊，饲养管理成本低，劳动投入较少，随着畜牧业从业者老龄化趋势加剧，部分农牧户转产藏系羊或牦牛。三角城种羊场为国有牧场，承担细毛羊保种和育种任务，在管理制度和养殖合同约束下，种羊场公有畜尚未出现“倒改”现象，但是细毛羊养殖的劳动强度、饲养成本均高于藏系羊，牧工自留畜品种逐渐从青海毛肉兼用细毛羊转为藏系羊，导致细毛羊养殖规模呈下降趋势。此外，由于能源、大宗农产品等进入价格上涨周期，带动饲草料价格保持高位，农牧户细毛羊养殖成本进一步上涨，限制了细毛羊养殖规模的扩大。总体来看，我国细毛羊主产区农牧户对细毛羊产业信心不足，养殖积极性下降，转产、弃养现象较为普遍，整体养殖形势不容乐观。

（二）农牧户养殖管理方式较为落后，部分实用养殖技术普及率偏低

目前，各调研地区细毛羊养殖总体上仍以农牧户小规模分散养殖为主，标准化、规模化程度较低，加之受气候条件和资源环境约束，养殖管理仍以全放牧或半舍饲为主，部分地区低水平规模饲养带来的环境污染、质量安全和疾病防控等问题日趋严重。养殖主产区的村庄空心化、农户空巢化、农民老龄化趋势进一步加剧，导致细毛羊养殖管理方式较为落后，部分实用养殖技术普及率偏低。

在养殖设施方面，调研地区的规模养殖场、养殖小区、专业合作社及部分农牧户依靠各类项目资金修建了面积不等的暖棚圈舍、青贮窖、贮草棚等养殖设施，农牧户冬春舍饲棚圈以彩钢或砖石结构为主，部分未实现人畜分离，存

在安全隐患。夏秋放牧期间的圈舍以露天围栏结构为主，建设简陋，占地面积较小，水电、棚圈、贮草、粪污处理等设施不完善，农牧户抵御自然灾害的能力较弱。在部分行政村由于土地流转、置换等导致畜禽养殖用地不足、饲草供需不平衡、养殖场地标准化建设不完善等问题突出，基础设施简陋，粪污处理简单粗放，可能引致环境污染、资源浪费和疫病暴发等问题。

在养殖机械使用方面，调研地区大型成套机具的应用主要集中在规模养殖场、畜牧企业养殖基地和种羊场等主体，普通农牧户则以小型机具为主。农牧户的铡草机、饲料（草）粉碎机、机械剪毛机、小型拖拉机等设备普及率相对较高，打包机、剪毛台和剪毛房（棚）等畜产品采集加工机械普及率相对较低；部分功率大、购置成本较高或使用频率偏低的机械设备普及率最低，如青贮切碎机、饲料混合机、饲料制备（搅拌）机、喂料机、清粪机等，其采购主体多为国有牧场、规模养殖场、养殖合作社及家庭牧场等，农牧户一般采用外购或租赁加工等方式获取服务。

在养殖技术方面，部分实用养殖技术的普及率偏低。在基层畜牧服务队伍建设方面，受人畜共患病、机构改革、工作强度等方面的影响，普遍存在责任大、薪酬低、人员断层、知识更新缓慢和交通、通信等劳务补助缺位等问题，基层畜牧技术人员素质参差不齐且流动性较大，影响了实用技术推广。在技术推广及培训方面，调研地区畜牧主管部门的技术培训方式较为单一，受农牧户自身文化水平、语言交流障碍、培训时间及方式等诸多因素制约，培训效果不佳。农牧户被动参与学习培训居多，对各类养殖技术的掌握情况参差不齐，对饲草加工、“穿羊衣”、机械剪毛、分级打包、病死羊无害化处理等专业性技术的认知度和采用意愿均较低，只能满足细毛羊养殖的基本生产管理需求。在饲草料喂养和使用方面，多数农牧户根据养殖经验进行饲喂，对于不同饲料的加工调制方式、配制比例、饲喂量、饲喂时间以及不同类型羊群的日营养需求量等科学饲养方式的了解仍然不够充分，而放牧期间则完全依靠羊只自由采食。在“穿羊衣”技术方面，由于羊毛价格持续低位导致技术经济效益不显著，大多数农牧户使用该技术的积极性不高，目前只有肃南县和三角城种羊场部分农牧户采用该技术。在剪毛方面，调研地区机械剪毛技术普及率高达100%，农牧户家中普遍拥有机械剪毛机，以专业剪毛队提供的有偿社会化服务为主，羊毛不分级或简单分级，只有三角城种羊场采用分级整理技术。在疾病防控方面，农牧户疫病防疫意识增强，对于强制免疫疫苗和计划免疫药物，农牧户一般在兽医技术人员指导下完成，而在日常防治环节，农牧户大多凭借自身经验判断羊只所患疾病类型，自行购买药物进行治疗。在羊舍清洁与消毒方面，农牧户一般在冬季和夏季更换放牧草场时对羊圈进行清理，以喷雾、撒石灰等较为简单的消毒方式为主。在病死羊处理方面，农牧户一般采用焚烧、掩埋等方式处理，只有少数规模养殖场、养殖小区及养殖规模较大的村落集中修建有无害化处理池。

（三）资源环境约束和管控增强推动成本上升，细毛羊养殖利润空间收窄

细毛羊是草原牧区的主要养殖畜种，也是农牧民的主要收入来源。近年来，受畜牧业超载过牧、粗放经营、无序垦荒以及自然灾害频繁等因素的影响，我国西北牧区草场退化、沙化、盐渍化问题较为严重，并严重威胁国家生态安全、牧区畜牧业可持续发展和牧民增收致富。因此，国家相继出台《关于加强资源环境生态红线管控的指导意见》《林业草原生态扶贫三年行动实施方案》《第三轮草原生态保护补助奖励政策实施指导意见》等规范性文件，划定草原生态保护红线，推行基本草原保护制度、禁牧休牧、划区轮牧和草畜平衡保护措施。甘肃、青海等草原牧区亦出台相应的实施方案，根据草原类型和等级科学核算草原载畜量，完善草原承包和流转制度，推广舍饲养殖技术和人工饲草料基地建设。生产方式转变迫使农牧户加大棚圈等养殖设施投入，外购饲草比例提升，养殖成本上升显著压缩了农牧户利润空间。

在调研地区中，地方政府一般都规定了载畜量、休牧期、禁牧区和草畜平衡区域等，草原站和草原监理所对辖区内草原进行日常巡查和监督检查，并对超载放牧、偷牧、盗牧等行为依法处罚。调研资料显示，根据《甘肃省第三轮草原生态保护补助奖励政策实施方案》和《张掖市第三轮草原生态保护补助奖励政策实施方案》精神，肃南县制定并实施《肃南县落实第三轮草原生态保护补助奖励政策2022年实施方案》《肃南县草畜平衡管理办法》《肃南县草原禁牧监督管理办法》等规范性文件，组建县、乡、村三级草原管护联动网络和专职草原监管队伍，开展定期不定期巡回和联合执法，实施奖补标准差异化和奖补额度封顶保底政策，通过“天然放牧＋舍饲养殖＋异地借牧”的绿色精准养殖模式，兼顾天然草场承载牲畜核减和畜牧养殖主动转型。天祝县出台《天祝县第三轮草原生态保护补助奖励政策实施方案》和配套管理办法，依据草原承载力引导农牧户合理配置载畜量，奖补资金总额发放实行封顶保底，鼓励农牧

民草场有序流转，推动草原畜牧业生产方式转变和高质量发展。三角城种羊场根据《青海省种羊繁育推广中心2023年度草原生态保护奖励政策实施方案》，开展日常巡查和劝阻偷牧行为，根据偷牧情节给予处罚，对超载数量逐步出清以减轻草场压力。上述措施的实施使细毛羊养殖面临的资源环境约束和管控日益增强，农牧户逐步向舍饲、半舍饲、农区异地借牧等养殖模式过渡，导致人工饲草料购置、舍饲棚圈及配套设施、雇工等成本费用显著增加。如异地借牧为农牧民因禁牧、休牧及天然饲草资源不足而采取的自发性增收措施，但是随着借牧牲畜的逐年增多，农区地租从2010年的20～40元/亩上涨到2022年的120～200元/亩，借牧期间羊只饲喂成本从0.38元/只增加至0.88元/只，涨幅超过200%，加之借牧牲畜转运、铁丝围栏、水电暖和房屋租赁等生产成本支出，导致借牧成本逐年攀升，养羊的利润空间进一步压缩。因此，细毛羊生产面临的资源环境约束日益强化，农牧户不得不缩减养殖规模，细毛羊养殖规模仍有进一步下滑风险。此外，2023年天祝县因干旱少雨，天然饲草及人工种草产量均不足，饲草料缺口约28万～30万吨，而外购颗粒饲料、玉米价格较2022年同期均普遍上涨200～300元/吨，饲草供需不平衡、不充分矛盾突出，多数受访农牧户表示饲草资源约束是制约养殖意愿提升和养殖规模扩大的主要瓶颈。

（四）细毛羊良种补贴政策呈“组合化”趋势，但是单项补贴标准偏低

在细毛羊养殖过程中，种公羊、基础母羊的生产性能在很大程度上影响后代的生产性能，如羊毛产量、质量、产羔率等。因此，对优质种羊实施良种补贴政策，提高农牧户养殖细毛羊的良种化率，对于实现细毛羊产业的可持续发展具有非常重要的现实意义。我国从2009年开始将绵羊纳入畜牧良种补贴范围，在全国19个省份对项目区内存栏能繁母羊30只以上的养殖户在购买种公羊时按800元/只的标准给予补贴。但是2017年国家对畜牧良种补贴政策进行了调整，在《关于做好2017年中央财政农业生产发展等项目实施工作的通知》中提出将畜禽良种推广纳入农业生产发展资金项目实施方案，在内蒙古、四川、云南、西藏、甘肃、青海、宁夏、新疆等8个省份实施良种补贴政策，对项目区内存栏能繁母羊30只以上的养殖户进行适当补助，支持牧区畜牧良种推广。同时推行财政支农专项转移支付方式划拨资金，实行“大专项＋任务清单”管理方式，由省、市、县农业农村部门、财政部门因地制宜确定补助对

象、标准和方式。根据《财政部关于下达2023年农业产业发展资金预算的通知》（财农〔2023〕20号），2023年依然按照上述政策划拨资金。

调研资料显示，调研地区在2017年及之前均享受国家畜牧良种补贴政策，2017年之后中央财政补助资金按大专项整体切块下达到省，各县通过申报畜牧良种项目方式获批农业生产发展资金，各地区根据农业生产实际情况，在补贴标准、补贴畜种等方面均有所差异。从整体来看，多数调研地区将细毛羊产业作为主导产业，良种补贴类型呈"组合化"趋势，但是单项补贴标准偏低。具体来看，根据《天祝县2023年牛羊养殖、高原夏菜产业扶持政策》等7个扶持政策，天祝县重点支持天华肉用美利奴羊新品种的培育和改良，包括5项组合式政策：对鉴定合格且引调至扩繁推广群的理想型标准种公羊，每只补助3 000元；对基础母羊达到200只以上的新组建扩繁推广群，每群补助2万元；对开展人工授精工作的人工授精站（点），每授配1只羊补助10元；对开展天华肉用美利奴羊新品种培育的科研机构（业务部门）给予30万元奖励，用于种羊性能测定、设备购置、饲草料基地建设和良种繁育推广；县财政出资150万元用于天华肉用美利奴羊的品种推广。

根据《2022年度支持绿色畜牧业发展县级专项扶持资金使用方案》《肃南县草原畜牧业转型升级试点项目工作方案（2023—2025年）》等精神，肃南县重点支持高山细毛羊产业高质量发展，包括6项组合式良种繁育推广政策，扶持资金135万元。具体包括：对引进毛用品系细毛羊种公羊，每只补助3 000元；对农户购买细毛羊种公羊，县财政每只补贴800元；对由皇城绵羊育种场和赛美奴高山细毛羊繁育公司培育的优质细毛羊种公羊，每只补助500元；对由细毛羊养殖户培育的特级、一级细毛羊种公羊，每只补助200元；对细毛羊主产区的核心群养殖户，每户补助3 000元；对管理规范且规模较大的细毛羊人工授配站，每站奖励补助1万元，用于配种站设备更新、购买燃料、维修和工资报酬等。根据青海省农业农村厅下达的畜牧良种补贴项目种畜推广任务的要求，中央财政补贴项目资金面向平安区和化隆县2个县补贴1 000只青海毛肉兼用细毛羊，补贴标准为1 000元/只；青海省级财政畜牧良种补贴面向乐都区、平安区、民和县、循化县和乌兰县5个县补贴600只青海毛肉兼用细毛羊，补贴标准为800元/只。

从总体来看，良种补贴类型呈"组合化"趋势，但是单项补贴标准偏低。国家畜禽良种补贴政策实施项目区从原来的19个减少到8个，天华肉用美利奴羊、高山细毛羊、青海毛肉兼用细毛羊等优良细毛羊品种的市场销售价格约为 1 800～2 500 元/只，农牧户虽可享 500～1 000 元不等的补贴金额，但购买种畜仍需自付 800～2 000 元。单只补贴标准偏低，不能有效带动农牧户购买积极性，存在导致优良地方品种退化和生产性能下降的风险。

（五）细毛羊产业新型农业经营主体发育不足，组织化程度偏低

培育新型农业经营主体是细毛羊产业化发展的重要推动力量，有助于整合优势资源，提升生产技术效率和产业化经营水平。从调研情况看，细毛羊主产区家庭牧场、专业合作社、龙头企业等新型农业经营主体发育不足，大部分调研地区细毛羊新型农业经营主体数量少且规模小，产业化程度不高，市场竞争力弱，运作不规范且缺乏资金支持，示范带动作用十分有限。具体来看，2023 年天祝县养羊的专业合作社共 266 个，其中细毛羊养殖专业合作社约 100 个，以能人大户带动类型为主，但基本是有名无实的“空壳社”。肃南县注册了养羊协会和优质细羊毛生产者协会，涉及细毛羊产业的专业合作社共 90 个，入社 859 户 1 398 人，以行政村为单位的合作社入社率为 100%，辐射带动入社率 30%，运行效果较好的合作社 46 个，主营业务为细羊毛收获和销售，在细羊毛标准化生产、组织化销售方面起到了较为积极的引领作用，但是该类合作社提供的服务仅限于剪毛、分级、打包等羊毛收获环节，服务内容有待拓展。三角城种羊场只有 1 个藏系羊养殖专业合作社。

从整体来看，调研地区虽然都是细毛羊主产区，但是新型农业经营主体培育不足，产品精深加工企业屈指可数，且无法与细毛羊产业链的生产、仓储、加工、物流、产销一体等环节形成有效对接。目前主要存在的问题包括：一是细毛羊新型农业经营主体规模偏小且运作不规范。以合作社为代表的新型农业经营主体体量偏小，以大户主导、资本主导或村干部代理为主要类型的“空壳社”占比较高，以提供技术培训、信息服务、生产资料供应、产品回收等初级服务内容为主，合作层次不高，存在规章制度不完善、组织结构不合理、产权不明晰、利益分配机制不健全、内部结构松散等问题，运行效率偏低。二是细毛羊新型农业经营主体产业化程度不高，毛肉制品多处于初级加工阶段，存在产业链条短、深加工不足、产品附加值低、经济效益低下等问题，细毛羊家庭牧场、合作社等均以直接出售羊毛、活羊为主，畜产品加工转化率偏低，增值能力不强。三是细毛羊新型农业经营主体受教育程度普遍不高，市场经济意识

淡薄，经营管理人才缺乏，尤其是缺乏懂技术、会管理、善经营、能营销的复合型人才。四是细毛羊新型农业经营主体缺乏资金，发展后劲不足。相较于普通农牧户，家庭牧场、合作社以及龙头企业等经营主体对资金需求更为迫切，因为它们的生产周期长、收益回报慢、面临着较多自然和市场风险的不确定性。然而，这些经营主体的资金积累能力有限，缺乏必要的基础建设和运营经费，同时融资渠道又相对狭窄，因此它们在抵御市场风险方面显得相对薄弱。

（六）部分地区"工牧直交"销售方式发展迅速，但"优毛优价"机制尚未全面建立

从调研情况看，部分地区细羊毛销售渠道仍以贩子收购为主，部分地区"工牧直交"销售方式发展迅速，但是"优毛优价"机制尚未全面建立。目前肃南县、三角城种羊场"工牧直交"销售方式发展较为迅速，所占比例分别为80%和100%。具体来看，肃南县有46个细毛羊标准化生产销售合作社，为社员提供统一机械剪毛、分级整理、规格打包、统一使用"赛美奴"商标、涂料打号和羊毛销售等服务，每年销售细羊毛不得低于10吨，然后以"工牧直交"方式销售给山东菏泽市、江苏张家港市等地的毛纺加工企业。采用细羊毛标准化生产、组织化销售的专业合作社可以按照6元/千克的标准获得县级财政补助（合作社每千克提取1元，另外5元补贴给农牧户）。细羊毛集中销售提高了交易规模和农牧户议价权，其细羊毛价格一般略高于未加入合作社的农牧户。三角城种羊场的羊毛100%以"工牧直交"方式销售，羊毛按标准分成70支、66支、64支和边肷毛4类，统一打包后销售给张家港保税区的毛纺加工企业，其羊毛平均销售价格略高于周边农牧户，实现了细羊毛的"优质优价"。天祝县的细羊毛100%通过贩子上门收购方式销售，羊毛未进行分级整理，存在污毛计价情况。在传统贩子收购的细羊毛销售方式中，农牧户缺乏分级销售意识，一般直接将细羊毛混等混级销售给收购商贩，交易价格主要由农牧户和贩子讨价还价后确定，农牧户议价定价能力往往较弱，容易使自身经济利益遭受损失，无法实现"优毛优价"。

（七）细毛羊产品品牌建设与宣传滞后，加工营销体系不完善

目前，细毛羊产业品牌建设尚处于不成熟、不规范、不系统的初级阶段，

生产经营主体的品牌意识淡薄，缺乏具有区域影响力的产品品牌，加工营销体系不完善，无法形成“优质优价”和大宗畜产品销售格局。主要表现在以下3方面：一是细毛羊品牌意识比较淡薄，当前细毛羊散养户的养殖收益以活畜销售为主，“小富即安”的经营思维占据主导位置，部分新型农业经营主体也存在“重生产、轻品牌”倾向，打造细毛羊产品品牌任重道远。二是参与细毛羊产业品牌建设的经营主体不完善，既缺乏具有区域示范带动作用的细毛羊企业品牌和产品品牌，也没有对细毛羊品牌进行科学评定和认证的第三方权威机构，毛肉制品缺乏严格的生产流程和品质标准约束，品牌质量溯源、品牌价值链延伸等方面存在显著短板与不足。三是基于区域资源禀赋，细毛羊主产区的毛肉制品品质优良，但是受产区分散、屠宰加工业滞后等因素影响，导致产品附加值低、市场流通不畅、冷链物流成本高、宣传营销不足等问题突出，细毛羊品牌形象塑造及宣传推广模式较为单一，市场知名度、美誉度显著偏低。如肃南县虽然已经成功注册“九排松”“赛美奴”2个畜产品商标和甘肃高山细毛羊农产品地理标志登记，并通过共享牧场等电商平台开始线上销售，但是2022年销量仅51吨，仅占县域羊肉产量的1.1%，区域农产品的加工销售和品牌宣传均显滞后。

三、促进细毛羊产业发展的对策建议

（一）完善细毛羊产业政策扶持体系，健全政策落实长效机制

虽然多数调研地区除了执行现有国家相关扶持政策外，在品种改良、棚圈建设、金融保险等方面出台了相应的扶持政策和发展规划，但是现阶段的扶持政策缺乏系统性与稳定性。建议进一步完善细毛羊产业政策扶持体系，健全政策落实长效机制。一方面，建议从现有的生态资源情况、产业发展现状及前景出发，重点在养殖、生产、加工、流通和外贸等环节构建完善的细毛羊产业政策扶持体系，明确各地区细毛羊主导品种的区域布局和发展方向，增强政策的可操作性。如在养殖环节，加强对细毛羊优良品种的选育和扩繁，促进农牧户使用优良品种和采用先进的养殖方式；在生产环节，推广“穿羊衣”、机械剪毛、分级整理、规格打包等细羊毛生产采集现代化管理技术；在流通环节，在细毛羊主产区建立区域性羊毛交易市场，基于公证检验制度为农牧户和毛纺加工企业建立沟通渠道，形成“优毛优价”的销售机制；在外贸环节，推进羊毛

制品的出口促进措施，建立羊毛价格预警信息机制等。另一方面，构建自上而下的政策绩效考评体系，健全细毛羊产业政策长效机制。在严格落实各项政策的基础上，将各类政策资金的兑付与农牧户落实效果挂钩，与相关政府工作人员履职效果挂钩，用有效的考核机制充分发挥财政资金的使用效果，从而加强相关扶持政策对细毛羊产业的正面促进作用。

（二）加强细毛羊品种改良，提升农牧户养殖经济效益

受羊毛价格提振不足、劳动力成本攀升以及环境资源约束不断加强等因素的影响，调研地区的农牧户普遍缺乏养殖积极性。在这种情况下，转产、弃养优质细毛羊品种的现象相对普遍。因此，建议加强细毛羊品种改良，提升细毛羊养殖经济效益，提振农牧户养殖信心。第一，细毛羊主产区因地制宜编制中长期产业规划，合理规划优良品种区域布局，根据地区气候条件、草场类型及改良现状，划定保护区、优势区、发展区等类型，结合区域特征确定品种选育或改良方向。第二，继续加强对原种场、种羊场、扩繁场（站）等细毛羊良种培育和推广机构的扶持力度，根据各级良种繁育机构的存栏量、养殖场地、科研能力等拨付相应的保种经费，在保护已有优良品种核心种群的基础上，侧重毛肉兼用、多胎或双向高产的经济型杂交改良，以保障并提高养殖户的经济效益。第三，加强原种场、种羊场等良种培育主体与规模养殖场、养殖小区以及农牧户等扩繁主体之间的横向合作，以承包、委托、合作等多种经营方式推动细毛羊扩繁基地建设，在品种改良、疾病防控、产品生产与销售等方面进行统一管理，将良种培育主体的技术和管理优势与扩繁主体的规模优势有机结合。第四，优化良种繁育政策扶持体系，有条件的地方实施“组合式”良种繁育扶持政策，对不同类型优质种畜、扩繁主体和良繁技术给予适度支持。如实行与生产性能挂钩的种公羊差异化补贴，完善补贴流程，增加补贴数量和品种，将更多符合地区品种区域规划、适应性强、生产性能好的细毛羊地方优势品种纳入补贴范畴；积极推进能繁母羊补贴政策，整合项目资金对农牧户能繁母羊、后备母羊等给予适度补贴，根据品种、生产性能和鉴定结果实行分等级差异补贴，同时对家庭牧场、规模养殖场（区）、合作社等新型农业经营主体给予重点支持；试点开展专项技术补贴，如人工授精、冻精、胚胎移植等，按照配种数、受胎率等指标的达标情况对提供上述技术服务的人员给予一定补助或奖励，引导农牧户进行品种改良。

（三）创新基层社会化服务组织运行模式，加强技术支撑和人才保障

细毛羊产业持续健康发展的关键在于提高从业人员的素质，但是传统牧民受教育程度偏低，市场意识淡薄，缺乏主动学习和采纳实用养殖技术的积极性，而作为技术推广主力的基层畜牧工作人员，亦存在知识陈旧、老龄化、人员流动性大等问题。因此，建议从以下几方面出台相关措施：第一，创新基层技术社会化服务组织运行模式，成立新型畜牧技术服务组织。如畜牧兽医社会化服务组织，经地方工商部门合法登记成立。一方面，畜牧兽医社会化服务组织以购买服务方式承担辖区内的重大动物疾病强制性免疫和各类实用养殖技术推广等公益性职能，地方政府根据免疫质量监测指标衡量免疫成效，据此评价服务组织水平，兑付防疫报酬。另一方面，畜牧兽医社会化服务组织按照企业运行方式与养殖主体签订技术服务合同，为其提供人工授精、动物诊疗、兽药饲料经营等有偿性服务。将村级防疫员、配种员和技术推广员等基层畜牧从业人员纳入该组织中，其收入不仅包括购买服务补助经费，还包括技术服务费以及经营性收入等。该方式有助于提高基层畜牧技术人员工资报酬，在降低基层技术队伍流动性的同时提高技术服务效率。第二，加强基层畜牧技术人员队伍建设，提升业务水平和专业技能，通过建立畜牧业专业人才实训基地、专题培训、学术交流等方式，重点提升基层畜牧技术人员在畜牧技术推广、动物防疫、动物卫生监督、兽药饲料监管等方面的技术支撑水平。第三，通过技术培训提高农牧户实用养殖技术普及率。加强对农牧户技术需求情况的了解，重点在繁殖技术、饲养管理、日粮配制、防疫检疫、无害化处理、机械剪毛等方面给予及时有效的技术支持和培训，引导农牧户向科学化、集约化、专业化的养殖方式转变。同时根据农牧户的理解和认知情况创新技术培训方式方法，通过入户指导、集中培训、多媒体宣传及咨询、举办技能竞赛、展示交流等活动提高农牧户参与技术培训的积极性，使其逐渐由被动学习向主动学习转变，提高技术培训效果和农牧户对实用养殖技术的实际应用水平。

（四）加强饲草料供应体系建设，积极推动细毛羊产业生产方式转型升级

调研显示，我国细毛羊产业仍然是以天然草原放牧为主的畜牧业发展模式，农牧民过度依赖自然资源，近年来甘肃、青海等细毛羊主产区干旱、雪灾

等极端天气愈加频繁，饲草资源短缺、储备不足、跨区域调运困难等问题严重影响了农牧民生产经营活动。因此，建议加强饲草料供应体系建设，助力天然草原保护利用与传统畜牧业生产方式的转型升级，破解以天然草场放牧为主的传统发展模式。一是继续落实禁牧、休牧、划区轮牧和草畜平衡等草原生态保护措施，加强可利用草场资源的管护，恢复天然草原植被，提高草原生产力和载畜量，通过草场确权和经营权流转，优化天然草场和打草场资源配置，提高四季牧场利用率，在实现适度规模养殖的同时，解放并转移多余劳动力，实现增收。二是进一步优化主产区“粮、经、饲、草”四元结构，依托粮改饲试点、草牧业发展试验试点、高产优质苜蓿示范建设项目等，推进高产优质饲草料基地建设，以标准化牧草生产提高牧草质量，优化饲草品种种植结构，在丰产栽培、病害防治、节水灌溉、采收加工等环节为农牧户提供技术培训及配套服务，增加饲草供给能力。三是完善饲草料加工利用设施，推行青贮制作、饲料精准配置、高效低蛋白日粮配置等技术，鼓励企业及专业合作社发展草产品精深加工，侧重预混饲料、青贮饲料、人工牧草和天然饲草的加工，推进饲草料专业化生产，提高饲草料利用率。四是构建饲草料储运体系，促进饲草料商品化交易流通，在有条件的地方建立饲草料储备库和交易市场，加强饲草料加工、流通、配送体系建设。

（五）积极培育细毛羊产业新型农业经营主体，提升市场竞争力

建议从组织形式、管理机制、扶持政策和经营模式4方面培育细毛羊产业新型农业经营主体，提升市场竞争力。一是鼓励细毛羊新型农业经营主体成员参与经营。通过合作制、股份制、股份合作制等组织形式，以带地入社参股、扶持基金入股和技术干股进行融资，壮大新型农业经营主体实力。二是完善细毛羊养殖专业合作社等新型农业经营主体管理机制，提升组织化程度。各级地方政府在培育新型农业经营主体过程中给予必要的指导，帮助其建立会计制度、民主管理制度、利益分配制度、小农利益保护机制等，逐步形成完善的运行机制。三是加大对合作社、龙头企业等新型农业经营主体的政策扶持。给予新型农业经营主体政策优惠倾斜，特别是在土地流转、产业化创新经营机制、财政税收、金融信贷、补助奖励、项目资助等方面提供多方位的帮扶政策和资金支持，同时加强对带头人和骨干成员的培训，提升其专业技能和综合素质。四是完善细毛羊产业新型农业经营主体经营模式，鼓励细毛羊养殖、生产、加

工、销售等不同环节的生产主体开展多元合作，打造统筹配套、功能互补、联系紧密的产业联合体，建立灵活畅通的信息沟通交流机制，在配种、防疫、养殖、产品收获及销售等方面搭建稳定的利益联结机制，引导农户上游向良种繁育、集中育肥延伸，下游向精深加工、品牌拓展延伸，推进不同经营主体的深度融合。

（六）优化细羊毛销售渠道，逐步建立“优毛优价”机制

目前，我国细毛羊主产区羊毛销售方式仍以贩子收购为主，普遍缺乏固定、规范的羊毛交易场所，“污毛计价”“混等混级”等现象较为普遍。因此建议优化细羊毛销售渠道，逐步建立“优毛优价”机制。一是在细毛羊主产区大力推行“穿羊衣”、机械剪毛、分级打包、公证检验等细羊毛生产采集现代化管理技术，为建立细羊毛“优质优价”机制奠定前期基础。二是拓展细羊毛销售渠道，鼓励对机械剪毛、分级整理技术掌握纯熟、管理规范的种羊场、国有牧场、大型养殖企业、专业合作社等养殖主体与农牧户建立合作关系，重点在羊毛生产、回收方面提供技术服务和统一管理，实行“工牧直交”和净毛计价，打通细毛羊主产区与毛纺加工企业的流通渠道，推动产销对接。三是有条件的细毛羊主产区可以考虑建设具有区域辐射性的羊毛交易市场，同时在区域范围内推行公证检验制度，农牧民基于公证检验结果对羊毛分选、分级和打包，并在交易平台竞价销售，毛纺企业将检验数据作为与农牧民交易的结算依据，从而减少羊毛流通的中间环节，实现“优毛优价”。

（七）强化品牌培育，以加工营销体系建设带动价值链提升

一是强化细毛羊产业品牌意识的培养，采用“走出去”“请进来”等办法，通过专题培训、学习考察、交流合作等多种方式，提升细毛羊生产加工企业的品牌意识，引导企业做好品牌创建、商标注册、“三品一标”认证等工作，推进细毛羊产品品牌化进程。二是统筹不同生产主体的综合利益和品牌价值观念，依托区域资源禀赋，打造具有区域影响力的细毛羊产业品牌，推动建立“一县一业”和“一村一品”的特色产业格局，助力乡村振兴。同时加强细毛羊产品生产过程监管，建立品牌评级体系，严格执行品牌进入及退出标准和程序，推广细毛羊相关主体畜牧业标准化养殖生产技术，提升品牌质量和品牌竞争力。三是完善加工流通体系，延伸产业价值链。开发以绿色原料为主的冷鲜

分割包装产品及熟制产品，提高产品附加值，完善冷链物流配送系统，拓宽销售渠道。通过共享牧场、智慧牧场、物联网示范应用等方式增强细毛羊产业生产、加工、配送、销售等环节的信息互通，借助农展会、营销推介、电商平台等开展产销对接，线下完善活畜交易市场、有机屠宰、销售门店及配送体系，提升细毛羊产业品牌影响力。

分报告二

2023年半细毛羊产业发展调研报告

国家绒毛用羊产业技术体系

产业经济研究团队　　营养需求与饲养标准团队

2023年7月下旬，为了准确掌握2023年度我国半细毛羊养殖形势，了解半细毛羊产业发展现状及存在的问题，国家绒毛用羊产业技术体系产业经济研究团队同营养需求与饲养标准团队合作，赴云南昭通市，先后对巧家县、鲁甸县、永善县共3个示范县的6个半细毛羊养殖村进行实地调查。调研采取养殖户问卷调查以及与当地农业农村相关部门领导、种羊场场长、合作社负责人座谈等多种形式，旨在全面了解2023年调研县的半细毛羊养殖情况和产业发展情况等。在调研过程中，我们得到了营养需求与饲养标准团队的权国波研究员、赵小琪助理研究员、倪晓君助理研究员和昭通市农业技术推广中心的丁利民副站长、唐于寒畜牧师和王良治畜牧师的密切配合与大力支持，并得到调研县农业农村局领导、地方干部及养殖户的帮助和积极参与，使调研工作得以开展并顺利完成。

基于此次调研，本报告重点分析了2023年调研县半细毛羊的养殖形势和产业发展现状及存在问题，并提出促进我国半细毛羊产业发展的对策建议。

一、2023年半细毛羊养殖形势与产业发展现状

（一）养殖品种生产性能稳定，良种化程度较高

云南半细毛羊是我国自主培育成功的第一个毛肉兼用的粗档半细毛羊新品种，是国内首先培育成功的48～50支半细毛羊。云南半细毛羊具有体形外貌一致、结构坚实、毛丛丰满、细度均匀、遗传稳定、适应性强的特点，是西南高原、高寒山区农牧民增收致富的优势畜种。1996年云南半细毛羊通过国家新品种委员会鉴定验收，2000年被农业部列为国家培育新品种，成为我国第一个粗档半细毛羊品种，并成为全国畜禽保护品种之一。据当地最新测算数据，云南半细毛羊成年公羊剪毛后平均体重为69.35千克，剪毛量为4.87千克，羊毛长度为14.11厘米；半细毛羊成年母羊剪毛后平均体重为46.99千克，剪毛量为3.66千克，羊毛长度为12.86厘米；平均净毛率为69.60%（表1）。

表1　云南半细毛羊主要生产性能指标

类别	平均体重（千克）	剪毛量（千克）	长度（厘米）
成年公羊（2.5岁）	69.35±8.567	4.87±0.873	14.11±2.188
育成公羊（1.5岁）	38.53±6.091	2.47±0.572	10.87±1.442
成年母羊（2.5岁）	46.99±6.752	3.66±0.788	12.86±2.014 8
育成母羊（1.5岁）	36.84±4.195	2.70±0.520	11.33±1.559

数据来源：2022年云南省畜牧兽医科学院测量鉴定结果。

云南半细毛羊是我国在海拔2700～3200米、冷凉潮湿和干湿两季分明的自然条件下培育成功的第一个内陆亚高山型粗档半细毛羊新品种，其综合品质达到进口新西兰羊毛水平，并在光泽、强度等指标中超过新西兰羊毛，生产性能达到国外同类型半细毛品种先进水平。① 作为云南半细毛羊的原产地，永善县历来十分重视云南半细毛羊的保种工作，在县畜牧兽医局下成立了马楠云南半细毛羊原种场，并出台了《永善县云南半细毛羊保种扩繁建设实施方案》，建立了半细毛羊良种繁育—示范推广—技术服务—网络化建设体系。永善县的半细毛羊良种化率稳步提高，在该原种场的辐射带动下，农牧户十分重视半细毛羊的良种化水平，良种化率稳定在95%以上。②《云南“十四五”畜牧业

高质量发展实施意见》指出，在巧家县建设核心育种场，在鲁甸县等地建设扩繁场。早在 2001 年，云南省内专家就对巧家县提出了加强云南半细毛羊保种的要求。巧家县以崇溪镇赖石山种畜场和药山镇小海种畜场为核心，加强品种选育和优秀种羊的推广，提高云南半细毛羊规模化养殖水平。为进一步加强管理，2020 年巧家县财政划拨 20 万元保种选育经费开展保种选育工作，2022 年和 2023 年巧家县政府均将保种繁育经费 25 万元纳入财政预算，保证保种工作正常开展。在种畜场的带动下，巧家县半细毛羊良种化率维持在 80%以上。③与巧家县和永善县不同，鲁甸县主要做云南半细毛羊的扩繁工作，其半细毛羊主要来自永善县和巧家县，良种化率同样维持在 80%以上。

（二）除鲁甸县外，各调研县半细毛羊养殖规模均小幅增加

2023 年巧家县和永善县半细毛羊养殖规模小幅增长，鲁甸县半细毛羊养殖规模小幅下降。根据调研数据，巧家县 2023 年底半细毛羊存栏量为 3.20 万只，比 2022 年底增加 0.30 万只，增幅为 10.34%；鲁甸县 2023 年底半细毛羊存栏量为 2.73 万只，比 2022 年底减少 0.07 万只，降幅为 2.50%；永善县 2023 年底半细毛羊存栏量为 5.64 万只，比 2022 年底增长 0.50 万只，增幅为 9.73%（表 2）。

表 2　各调研地区 2022—2023 年半细毛羊年底存栏量和半细羊毛产量

调研地区	半细毛羊存栏（万只）			半细羊毛产量（吨）		
	2022 年	2023 年	增减（%）	2022 年	2023 年	增减（%）
巧家县	2.90	3.20	10.34	82.00	84.00	2.44
鲁甸县	2.80	2.73	−2.50	56.00	54.60	−2.50
永善县	5.14	5.64	9.73	146.49	150.00	2.40

数据来源：根据云南各调研地区农业农村局统计资料和访谈记录整理。

巧家县和永善县半细羊毛养殖规模的增长主要得益于良好的养殖条件和畜牧业从业人员的增加。首先，调研县处于云南、贵州、四川 3 省结合部的乌蒙山区腹地，二半山区域为云南半细毛羊的养殖创造了条件。巧家县的半细毛羊主要集中在赖石山和药山，永善县的半细毛羊主要集中在马楠乡，二半山的高山草甸地势平缓，有利于云南半细毛羊生产性能的发挥。其次，2020—2023 年受新冠疫情影响，人口流动受到限制，当地农牧民的外出务工机会亦有所减

少，农牧民返乡后养殖半细毛羊，带来半细毛羊存栏量的增长。

鲁甸县半细羊毛养殖规模下降主要受易地扶贫搬迁的影响。鲁甸县的半细毛羊养殖区域主要集中在转山包村，该村虽然靠近昭通市区，但是海拔较高，交通不便，自然条件恶劣，曾是鲁甸县出名的贫困村。当地政府对转山包村实施易地扶贫搬迁，大多数养羊户搬迁至卯家湾易迁安置区，该安置区同时实现了人员安置与产业就业，建设扶贫车间标准化厂房 10 万平方米，引进箱包、皮具、藤编、电子加工等 11 家企业入驻，原来的养羊户放弃养殖半细毛羊，转向产业园区就业，导致半细毛羊养殖规模下降。

（三）除鲁甸县外，调研县半细羊毛产量均有所增长

2023 年巧家县和永善县的半细羊毛产量小幅增长，鲁甸县半细羊毛产量小幅下降。具体来看，巧家县 2023 年半细羊毛产量为 84.00 吨，较 2022 年增加 2.00 吨，增幅为 2.44%；鲁甸县 2023 年半细羊毛产量为 54.60 吨，较 2022 年下降 1.40 吨，降幅为 2.50%；永善县 2023 年半细羊毛产量为 150.00 吨，较 2022 年增加 3.51 吨，增幅为 2.40%。半细毛羊养殖规模的变动是各调研县半细羊毛产量变动的主要原因（表 2）。

（四）各调研县半细羊毛价格下降，且普遍较低

2023 年各调研县半细羊毛销售价格继续维持下降趋势。具体来看，巧家县 2023 年半细羊毛价格为 3.00 元/千克，较 2022 年的 4.00 元/千克下降了 25.00%；鲁甸县和永善县 2023 年半细羊毛平均价格均为 8.00 元/千克，均较 2022 年的价格下降了 20.00%（表 3）。

表 3　调研县 2022—2023 年半细羊毛平均价格变化情况

单位：元/千克

调研县	2022 年	2023 年	增减变动（%）
巧家县	4.00	3.00	−25.00
鲁甸县	10.00	8.00	−20.00
永善县	10.00	8.00	−20.00

数据来源：根据巧家县、鲁甸县、永善县农业农村局统计资料和访谈记录整理。

各调研县半细羊毛价格不仅大幅下降，而且均处于历史较低水平，主要原

因在于以下几点：第一，价格低廉的化纤原料的冲击。随着技术不断进步，化学合成纤维质量不断提高，化纤产品轻薄、色彩多样且不易生虫损坏，同时价格低廉，化纤所具有的这些特点使得半细羊毛的市场需求迅速被化纤替代。第二，毛肉比价倒挂的影响。近年来，羊肉消费的快速增长使得羊肉与羊毛比价迅速拉大，半细毛羊养殖户更加注重肉用价值的开发，通过快速育肥等方法提高羊肉产量，忽视半细羊毛生产，部分地区的半细羊毛已经出现了长度变短、细度不稳定的现象，羊毛质量的下降带来了价格的下降。第三，国内外市场经济形势变化的影响。后疫情时代，国内制造业景气水平回落，消费市场需求疲软，毛纺企业订单减少、库存积压、人工成本上涨和利润空间压缩，导致企业对原材料需求下降，羊毛原料需求持续低迷。根据工业和信息化部数据，2023年1—11月，规模以上纺织企业工业增加值同比下降1.60%；营业收入42 219亿元，同比下降1.50%；利润总额1 447亿元，同比下降0.90%。纺织品市场的萎缩使得半细羊毛价格在低位徘徊。

（五）半细毛羊以传统放牧养殖为主，现代化的养殖技术尚未广泛普及

本次调研的巧家县和永善县均是云南半细毛羊的主要养殖区域，同时，永善县也是云南马楠半细毛羊地理标志产品保护范围。半细毛羊作为当地的特色养殖品种，不仅为农牧民带来经济效益，也为其提供重要的生活资料，但是长期粗放养殖方式导致了传统养殖观念的根深蒂固，目前大多数养殖户依然保持着较为原始的传统的养殖方式。

就经营主体和养殖规模而言，调研县的半细毛羊养殖主要以家庭作为基本经营单位分散经营。各调研县户均养殖规模存在一定的差异，具体来看：永善县作为云南半细毛羊的原产地，户均养殖规模最高，户均养殖规模多在100只以上；鲁甸县作为扩繁基地，户均养殖规模居中，户均养殖规模多在90只左右；巧家县的养殖规模最低，户均养殖规模多在70只以内。永善县半细毛羊养殖规模在100只以上的养殖户数占比约为70.83%，养殖规模在100只以下的养殖户数占比仅有29.17%。鲁甸县半细毛羊户均养殖规模主要以80～120只为主，其占比达到50.00%。巧家县的半细毛羊养殖规模在100只以下的占比约为75.00%，且其中多数养殖户的规模在70只以内，仅有25.00%左右的养殖户养殖规模在100只以上。

就放牧方式而言，各调研县均拥有较大面积的可利用天然草场，在草原生

态保护补助奖励资金、南方现代草地畜牧业发展项目和森林草原资源培育工程专项资金的支持下，各调研县先后实施了退牧还草、石漠化综合治理、牧草良种补贴、畜牧业发展方式转变、退耕还草、草原生态保护奖补、南方现代草地畜牧业推进行动等项目，草场生态环境明显得到改善。其中，巧家县全县可利用天然草场面积达238.86万亩①，2019年来，其累计完成退化草原生态修复3.5万亩，草原植被综合覆盖度提高至2022年的83.78%；鲁甸县全县可利用天然草场面积达134.17万亩②，草原植被综合覆盖度从2013年的65.40%提高至2023年的78.11%；永善县全县可利用天然草场面积达226.27万亩③，永善县还依托中央财政草原生态保护修复项目资金进行退化草原生态修复，草原植被综合覆盖度从2016年的81.20%提高至2020年的87.60%。此外，巧家县按照《巧家县人民政府关于抓好巧家县2022年畜牧渔业生产工作的通知》要求，持续巩固2017年和2018年以来的退耕还草工程成果，并推广农田闲地种草2.2万亩，种植青绿饲料作物18.5万亩。鲁甸县2022年开展了饲草种植试验项目，并结合鲁甸县实际情况编制了《鲁甸县2022年饲草种植试验项目实施方案》，该试验项目选择11个青贮玉米、6个紫花苜蓿、2个饲用燕麦品种在江底镇仙人洞村、文屏街道安阁村、龙树镇金塘社区进行种植试验，其中，青贮玉米种植103.2亩、紫花苜蓿种植10.8亩、饲养燕麦种植6亩。2022年鲁甸县共完成饲草种植3.11万亩，其中完成青贮玉米种植1.85万亩。草场资源的恢复为当地发展半细毛羊养殖提供了适宜条件，也使得养殖户形成了"白天草场放牧、夜晚羊只归圈"的近乎全放牧的养殖方式。冬季由于天气寒冷、草场长势差，白天放牧时间缩短，羊只归圈后养殖户会对其进行少量补饲，补饲作物主要为自种或购买的玉米、洋芋、洋蔓菁，以及自种的丝毛草、野青茅、白三叶、青蒿等，基本不购买加工饲料，农作物与牧草的混合比例也多由农牧户自己掌握，没有固定配比。

就圈舍建设而言，各调研县政府在云南实施草原生态保护补奖及畜牧业发展方式转变项目期间，就开始加大对圈舍建设的扶持。2014年昭通市农业局和昭通市财政局启动了中央草原生态保护补助奖励机制绩效考评奖励资金及草

---

① 其中，31.30万亩实施草原禁牧，207.56万亩实施草畜平衡。

② 其中，17.38万亩实施草原禁牧，116.79万亩实施草畜平衡。

③ 其中，29.11万亩实施草原禁牧，197.16万亩实施草畜平衡。

原畜牧业发展方式转变项目，2017年云南省财政厅和云南省农业厅印发了《关于下达2017年中央农业资源及生态保护补助资金的通知》。草原生态修复治理项目要求昭通市新建标准化牛羊圈舍大于等于3万平方米，新建青贮氨化窖及储草棚不低于1.44万立方米，其中：巧家县新建标准化牛羊圈舍不低于3 750平方米，新建青贮氨化窖或储草棚不低于1 800立方米；鲁甸县新建标准化牛羊圈舍不低于2 500平方米，新建青贮氨化窖及储草棚不低于1 200立方米；永善县新建标准化牛羊圈舍不低于1.38万平方米，新建青贮氨化窖或储草棚不低于6 600立方米。部分半细毛羊养殖户也在相关措施的扶持下，修建了面积不等的羊圈从事养殖活动。

就养殖技术应用而言，各调研县主要通过基层畜牧兽医部门推广养殖技术，其中，畜牧站定期为养殖户提供技术培训，包括网络和电话指导，以及在乡镇组织的项目技术培训。由于养殖人员文化水平偏低且习惯了较为粗放的传统养殖方式，先进养殖技术的应用明显缺乏。据调研了解，在品种改良繁育技术方面，调研县养殖户的半细毛羊均采用自然交配方式，养殖户多数每隔4～5年更换种公羊，其中一部分养殖户会自行前往巧家县的赖石山种羊场购买种公羊。养殖户基本上未参与过有关饲料精准配置、青贮饲料制作以及生物发酵菌剂堆肥技术的培训，且未实际采用这些技术。在疫病防治技术方面，养殖户都参加了国家每年2次的免费疫病防治，但在实际养殖中很少主动自费进行其他羊疫病的预防。在牧业机械使用方面，各调研县的半细毛羊养殖机械化程度非常低，养殖户基本没有配备机械装备，政府也没有针对性投入，一般都是通过传统的手工方式收割牧草，之后再用饲料粉碎机进行粉碎。在人工种草技术方面，虽然多数养殖户会为了满足半细毛羊在冬春季的补饲需求而少量种植牧草，但其主要依赖传统经验而未能真正掌握人工种草技术。在剪毛技术方面，91.67%的养殖户使用剪刀进行人工剪毛，较少使用机械剪毛。一方面，当地并未大面积推广机械剪毛技术，养殖户尚未掌握相关技术；另一方面，饲养规模普遍较小，剪毛工作量相对不繁重，养殖户不愿改变剪毛方式。各调研县均没有专业的剪毛队伍，养殖户通过互相无偿帮助的方式进行手工剪毛。

（六）各调研县半细毛羊养殖收益均较低，且差别不大

养殖户半细毛羊养殖总收益由半细羊毛产值、出栏羊销售收入和其他副产品产值3部分组成。2023年调研县以出栏口径核算的每只半细毛羊的平均养

殖总收益为 994.20 元/只，养殖成本为 586.65 元/只，养殖纯收益为 407.55 元/只，成本收益率为 69.47%（表 4）。

表 4　2023 年调研县养殖户半细毛羊养殖收益和成本情况

项目	样本总体	巧家县	鲁甸县	永善县
养殖收益合计（元/只）	994.20	849.75	1 016.46	1 125.36
半细羊毛产值（元/只）	14.84	16.00	10.26	18.07
半细羊毛产量（千克/只）	3.63	4.00	3.50	3.39
半细羊毛价格（元/千克）	4.09	4.00	2.93	5.33
出栏羊销售收入（元/只）	976.77	833.75	1 006.20	1 099.51
出栏羊平均活重（千克/只）	38.60	36.25	39.00	40.56
出栏羊平均价格（元/千克）	25.30	23.00	25.80	27.11
其他副产品产值（元/只）	2.59	0.00	0.00	7.78
养殖成本合计（元/只）	586.65	501.70	595.81	662.47
幼畜购进费（羔羊折价）	425.83	417.50	420.00	440.00
精饲料费	73.56	30.69	100.12	89.88
饲草费	23.36	5.38	21.27	43.43
饲盐费	6.87	6.86	5.13	8.62
医疗防疫费	10.88	1.36	14.65	16.62
雇工费	0.16	0.00	0.00	0.49
水电燃料费	0.61	1.82	0.00	0.00
死亡损失费分摊	18.63	28.72	9.49	17.67
草场租赁费	0.74	0.00	0.00	2.22
修理维护费	4.95	1.87	4.57	8.43
固定资产折旧	21.00	7.50	20.58	34.92
其他费用	0.07	0.00	0.00	0.19
养殖纯收益（元/只）	407.55	348.05	420.65	462.89
成本利润率（%）	69.47	69.37	70.60	69.87

数据来源：根据 2023 年产业经济研究团队云南地区半细毛羊农牧户问卷数据整理计算得出。

注：此处是以出栏口径计算半细毛羊养殖的成本收益，即计算一只半细毛羊从出生至出栏整个时期的平均成本收益情况，其中，半细羊毛产值和出栏羊销售收入为相应单产和价格原始数据相乘计算所得并保留 2 位小数。

从养殖总收益的构成来看，出栏羊销售收入为 976.77 元/只，占养殖总收益的 98.25%，是半细毛羊养殖总收益的主要组成部分；调研县半细毛羊出栏周期内产毛量为 3.63 千克/只，平均销售价格为 4.09 元/千克，半细羊毛产值为 14.84 元/只，占养殖总收益的 1.49%；出售羊粪、羊皮等副产品产值平均为 2.59 元/只，占养殖总收益的 0.26%。从养殖成本情况看，由于当地半细毛羊养殖以放牧为主，饲草料成本较低，半细毛羊出栏周期内养殖户平均养殖成本为 586.65 元/只，其中羔羊折价费用占 72.59%，精饲料费用占 12.54%，饲草料费用占 3.98%。由于单只出栏羊养殖成本较低，所以养殖户养殖纯收益平均可达 407.55 元/只，效益较为可观。

各调研县地理位置相近，养殖环境和养殖条件等存在较高相似性，因此养殖户的半细毛羊养殖成本收益差别不大。巧家县、鲁甸县和永善县半细毛羊平均养殖总收益分别为 849.75 元/只、1 016.46 元/只和 1 125.36 元/只。由于巧家县出栏羊平均活重略低于其他 2 县，其平均养殖收益略低。从养殖成本来看，3 县平均养殖成本分别为 501.70 元/只、595.81 元/只和 662.47 元/只，永善县的养殖成本较高主要是因为当地半细毛羊的羔羊折价费用和饲草料费明显高于其他 2 县。就养殖纯收益而言，3 县养殖纯收益差异较小，永善县半细毛羊养殖的平均纯收益最高，为 462.89 元/只，鲁甸县和巧家县半细毛羊养殖的平均纯收益则分别为 420.65 元/只和 348.05 元/只。就成本收益率而言，3 县之间的差异也比较小，鲁甸县的成本收益率为 70.60%，略高于巧家县的 69.37%和永善县的 69.87%。

（七）专业合作社和家庭农场有所发展，个别合作社具备一定的示范作用

目前，调研县半细毛羊的养殖合作社和家庭农场取得了一定发展，但数量较少，总体上处于起步阶段。就专业合作社而言，巧家县目前注册备案的专业合作社有 641 家，涉及养羊的合作社仅有 52 家，而且没有养殖半细毛羊的合作社；鲁甸县仅有 16 家合作社涉及羊养殖，但是涉及半细毛羊养殖的合作社仅有 3～4 家；永善县目前注册备案的专业合作社有 943 家，其中涉及羊养殖的有 245 家，涉及半细毛羊养殖的合作社仅有 30～40 家，且其中 70%以上的合作社为“空壳社”。就家庭农场而言，按照昭通市家庭农场的建设标准，各调研县均采用先建后补的形式培育符合验收条件的家庭农场。巧家县自 2018 年开始逐渐培育家庭农场，2022 年在中央农业生产发展资金的推动下，巧家

县出台了《巧家县 2022 年农业生产社会化服务实施方案》，培育的家庭农场数量增加至 316 家，其中 186 家家庭农场从事养殖业，69 家家庭农场养羊，但其中没有从事半细毛羊养殖的家庭农场；鲁甸县自 2018 年开始培育家庭农场，至 2023 年累计培育家庭农场 3 家，其中养羊的家庭农场仅有 1 家。

从运行质量看，调研地区仅存在个别正常运作的合作社，家庭农场正处于起步阶段，其示范作用尚未完全展现。从调研情况看，合作社多是依靠能人大户或村组织带动成立，实际规范有效运作的较少，多数合作社的社员之间联系极为松散，以各自散养为主，难以做到统一经营、风险共担。个别合作社采取多种形式开展运营，发展相对较好，在一定程度上增加了农牧户收入。如永善县马楠乡的高坎子养殖专业合作社，该合作社成立于 2014 年 6 月，注册资本 200 万元，由马楠村 5 人发起成立，高坎子、羊槽、石碉、道坡、灰窑社 5 个村民小组共建、共管，群众整合草山、牛羊资源，折抵资金、入股参股，合作社成立之初采用统筹管理方式运行，合作社名下入股的羊只均雇人放养。2019 年开始，受成本上涨等因素影响，该合作社经营亏损严重，永善县农业农村局将该合作社的经营管理权交由云南深山农林牧开发有限公司进行承包经营，该公司重新对合作社成员和业务整编分流，留下了 58 户 226 人，合作社将养殖的 500 只云南半细毛羊、种植的 12 000 亩草场及修建的圈舍均交于企业代为管理，每年从企业获取草场租赁收入并按时分红。入社社员每年可获得现金红利 1 000 元，如果社员曾经是建档立卡户，每年可获得现金红利 1 500 元。

鲁甸县新街乡斌哥半细毛羊养殖专业合作社由 6 人于 2012 年 12 月发起成立，注册资本 55 万元，合作社采用“除本分利，借母还子”的方式统一经营管理，以每年把母羊免费借给农户、次年母羊产仔后合作社和农户平均分配羊仔的方式带领群众致富，目前已带领 37 户当地群众发展了 1 400 只半细毛羊养殖，每户年均出栏 20 只羊，户均产值 2.5 万元以上。该合作社发展较为规范且成功的原因主要有以下 3 个方面：一是能人带动，合作社创办人为当地村党支部书记、村主任，有过经商经验、会管理；二是依托了南方现代草地畜牧业项目，财力充足，2014 年在南方现代草地畜牧业项目的支持下，合作社完成改良草地 3 300 亩，建成优质稳产人工饲草地 2 411 亩，合作社社员数量由建设前的 6 户发展到 37 户，羊的数量增加到 1 400 只，合作社得以发展壮大；三是该合作社还采用保底收购方式收购农户的羊毛和出栏商品羊，降低了养殖户的市场风险。

（八）羊毛商品化比例较低，销售以贩子收购为主

云南半细羊毛品质优良，具有高强力、高弹性、吸湿性好、全光泽等特点，常被用来制作羊毛衫、地毯、羊毛披毡、羊毛被和毛绒玩具，成为当地群众增加收入的重要来源。同时，昭通披毡是云南昭通独具特色的民间手工艺品。但由于化纤制品的冲击，养殖户的半细羊毛自用比例逐渐减少。调研情况显示，随着羊毛价格的下行，调研县的多数养殖户在出售活羊时将羊毛与羊肉一起出售，只有少部分养殖户将半细羊毛单独出售，或将半细羊毛自行加工为羊毛制品出售，羊毛商品比例较低。

半细毛羊养殖户大部分将半细羊毛卖给上门收购的来自四川和贵州的羊毛贩子，少部分则是低价销售给亲戚朋友。羊毛收购贩子在收购过程中都是“混等混级”，未进行分级和打包，并且按污毛计价。羊毛收购贩子往往依据个人经验和直观判断对整批羊毛进行评估，然后给出一个收购价格，养殖户觉得合适就售出，觉得不合适就等待下一个商贩上门。调研显示，大部分养殖户反映羊毛销售价格完全由羊毛收购贩子决定，如果试图讨价还价，贩子就不收购。仅非常小部分养殖户表示可以和贩子协商确定羊毛销售价格。调研县中，巧家县正在建设羊毛制品加工厂，但是尚未正式投入生产。羊毛的销售方式基本为线下本地零售，也没有尝试过以电子商务的方式销售，销售观念落后。早先年间，昭通版纳地毯厂是昭通本地知名的纯羊毛全手工地毯加工企业，在云南是独家手工羊毛地毯作坊，曾获得“中国工艺美术百花奖优质品奖”“云南省民族特色奖”等荣誉，但是随着替代性纺织原料的竞争，其企业、单位购买订单进一步萎缩，市场销售量逐年减少，一直处于亏损状态。

（九）政府对半细毛羊产业的扶持政策相对较少

发展畜牧业是各调研县落实乡村振兴战略，实现产业振兴的重要内容，对于增加农民收入、促进产业兴旺具有重要意义。各调研县均十分重视畜牧业的发展，执行了国家制定的促进畜牧业发展的相关扶持政策，如草原生态保护补奖政策、农机购置补贴政策和动物防疫补贴政策等，半细毛羊产业亦获得了相应的支持。

在草原生态保护补奖政策方面，为了保护当地草原生态，保障半细毛羊产业的持续健康发展，调研县均已实行了两轮草原生态保护补奖政策，并开始实

施第三轮草原生态保护补奖政策。第三轮草原生态保护补奖标准与国家补奖标准相同，其中，草畜平衡奖励标准为 2.50 元/亩，禁牧补助标准为 7.65 元/亩。对于畜牧业机械购置补贴政策，各调研县均按照《云南省 2021—2023 年农机购置补贴实施方案》实施，铡草机、饲料（草）粉碎机、青贮切碎机、饲料混合机等机械均在目录之内。具体来说，铡草机可按照不同型号获得 1 100～2 700元/台不等的补贴，饲料（草）粉碎机根据不同的型号，其补贴范围在 240～1 000 元/台。

在动物疫病防治和良种补贴方面，巧家县出台了《巧家县人民政府关于抓好巧家县 2022 年畜牧渔业生产工作的通知》《巧家县动物疫病防控工作方案》，县财政安排动物疫病防控经费 200 万元，含春、秋两季动物防疫注射反应治疗和死亡赔偿 30 万元、动物疫苗物资采购及防控工作经费 150 万元，畜禽免疫密度达 100%，群体免疫抗体合格率保持在 70%以上；鲁甸县出台了《鲁甸县 2023 年全年重大动物疫病防控实施方案》，累计免疫羊口蹄疫 8.024 万头、应免密度 99.18%，并对各乡镇（街道）进行“先打后补”知识宣传，要求符合条件的养殖场进行“牧运通”注册，并按要求积极开展强制免疫“先打后补”的免疫工作；永善县出台了《永善县人民政府办公室关于做好 2023 年重大动物疫病防控工作的通知》，在全县范围内开展 2023 年春季重大动物疫病集中免疫注射工作，由县动物疫控中心统一将小反刍兽疫和山羊痘二联灭活疫苗、羊传染性胸膜肺炎疫苗、山羊痘疫苗提前运送到 16 个乡镇（街道）使用。此外，云南依托中央农业生产发展资金中的奶业振兴和畜牧业转型升级项目实施畜牧良种补贴，具体由云南省种羊繁育推广中心实施，该补贴政策对罗姆尼半细毛羊种羊进行补贴，2021 年罗姆尼半细毛羊参考定价为 2 200 元/只，每只种绵羊补贴 800 元。具备养殖条件、有养殖经验和技术、存栏能繁母羊 30 只以上的养殖户或养殖合作社、养殖企业均可以申请种公羊补贴，但是调研县的农牧户需要到云南省种羊繁育推广中心购买，距离较远。

昭通市人民政府还出台了《昭通市推进农业现代化三年行动方案（2022—2024 年）》，推动云南半细毛羊等畜禽育种场、扩繁基地建设，并出台了《昭通市促进农村居民持续增收建立新型农业经营主体银行贷款财政贴息办法》，解决农业经营主体的融资问题，间接推动了畜牧业相关主体的发展。除了上述政策之外，各调研县均属于国家乡村振兴重点帮扶县和原国家深度贫困县，永善县出台了《永善县 2022 年促进脱贫人口和监测对象增收 18 条措施》，推动

315.84万元针对脱贫人口的草原生态保护补奖资金及时兑付。鲁甸县还出台了《鲁甸县促进农民增收联农带农市场主体奖补办法》，引导市场主体建立健全联农带农利益机制，探索以产业链增值增效促进农村居民和脱贫人口持续增收的新途径。

二、半细毛羊产业发展面临的主要问题

（一）种羊场基础设施老化、经营困难，良种选育、推广工作难度较大

云南半细毛羊是经过多年改良和选育而成的优良品种，是南方高寒冷凉山区的优势畜种。近年来，受市场需求和地方政府主导产业变化的影响，云南半细毛羊在品种改良推广过程中面临诸多现实困难，基层良种选育和推广工作难以持续开展。首先，种羊场基础设施老化，严重制约了半细毛羊良种选育工作的开展。在访谈中了解到，成立于20世纪70年代的永善县马楠云南半细毛羊原种场同时也是云南半细毛羊保种场，承担着云南半细毛羊保种以及向本县及周边地区提供种羊和养殖技术服务培训等工作。该场的房屋、圈舍及设施均已使用30年以上，大部分都有不同程度的破损，部分管理房及圈舍已经无法正常使用，抗御各种自然灾害的能力较差。位于巧家县的赖石山种畜场同样面临基础设施老旧、草场基础建设薄弱等困难，种羊场的草场退化严重、草地生产力下降，对云南半细毛羊的良种选育和推广也产生了不利影响。其次，种羊场经营状况普遍较差，个别种羊场已经难以维系正常运营。通过调研了解到，近年来养殖业整体低迷，巧家县赖石山种畜场自身经营收入较少，每年在饲料支出、人工成本等方面均存在较大的资金缺口，目前主要依靠上级政府拨款维持基本运营，这使得该场核心群规模数量无法扩大，品种选育改良工作难以有效开展。永善县马楠云南半细毛原种场因为经营不善在2019年将本场的经营管理权交由云南深山农牧林开发有限公司经营，政府拨付给该承包公司2.4万元保种经费。自云南深山农牧林开发有限公司承包以来，受市场行情变化影响，一直处于亏损状态，该原种场目前也仅能维持基本运营，且承包公司在访谈中表示承包期内不准备扩大规模。由于种羊场运营困难，种公羊供应能力有限，调研县的农牧户种公羊更新速度较为缓慢，有些农牧户甚至自留种羊，云南半细毛羊品种的优良性能得不到充分体现。部分养殖户生产的半细羊毛存在长度变短、个体状况不佳等现象，不利于优质半细羊毛的生产。

（二）农牧户养殖设施匮乏，饲养管理方式传统落后

目前，调研县农牧户均采用完全放牧模式从事养殖活动，养殖方式比较传统和落后。各调研县均拥有较大面积的可利用天然草场供农牧户免费使用，因此农牧户常年采用放牧养殖，放牧时间多由农牧户根据自己的意愿确定，缺乏科学依据。从调研情况看，大部分农牧户放牧时间超过 10 小时，冬季放牧时间会有所减少。冬春季节，农牧户会使用自种或者购买的牧草以及玉米、洋芋、洋蔓菁等农作物进行补饲，较少使用加工饲料。在补饲过程中，农牧户根据自己的养殖经验决定各种饲草料的饲喂量，各种饲草料往往缺乏科学的搭配比例。

从养殖设施条件看，大部分农牧户养殖设施匮乏。有些农牧户在前几轮草原生态保护补奖政策实施过程中，依靠各类项目支持修建了圈舍，但这些圈舍多是由彩钢瓦作为顶棚的简易土木建筑，基本没有配备保暖设施，新生羔羊冻死现象时有发生。一些农牧户的半细毛羊圈舍则是通过改造废弃的旧屋而成，羊舍未分栏，大小羊只混养。还有极少数农牧户没有圈舍，只是在草场中根据地势选择合适位置供羊只休息。养殖活动所需要的食槽、盐槽，多是使用木头或者石头凿出凹槽而成。多数农牧户未曾购置铡草机、饲料加工机械、羊毛收获机械，小型农用车等运输机械也较少。

从养殖管理情况来看，大多数农牧户均按照多年积累的经验进行半细毛羊养殖管理。调研县半细毛羊繁育仍以自然交配为主，农牧户不了解也没有采用过人工授精技术。养殖户的种公羊多数每 4～5 年更换一次，部分农牧户还采用自留种公羊。在疾病预防和治疗方面，大部分农牧户没有专门的药浴设备或设施，且多数依靠自身养殖经验来判断羊只患病的类型并选择药物。羊毛收获主要使用传统的剪刀，较少采用机械剪毛。总体看来，调研地区农牧户圈舍较为简陋，饲料加工、羊毛收获等设施较为匮乏，养殖用固定资产价值较低，饲养管理粗放，亟待完善。

（三）养殖人员受教育程度偏低，先进技术培训参与程度较低

目前，从事半细毛羊养殖的农牧户家庭中主要决策者的年龄普遍偏大且受教育程度偏低。调研数据显示，受访养殖人员平均年龄为 45.67 岁，从事半细毛羊养殖的农牧民年龄多在 40～60 岁，占被调研农牧民的 71.67%，年龄超

过60岁的养殖人员比例为6.67%。从调研情况看，青壮年大多外出打工，较少从事半细毛羊养殖。从受教育程度看，大多数受访农牧民的受教育水平为初中及以下，其中81.66%的农牧民的受教育水平在小学及以下，有28.33%的农牧民从未接受过正规教育。由于农牧民的文化水平有限，对于半细毛羊的养殖新技术认识不足，在当地畜牧局进行宣传和培训的情况下，还是有大部分农牧民没有及时采用这些新技术。调研中发现，农牧民思想观念较为传统保守，参与各类技术培训的积极性较差。受访农牧民中，45.00%的农牧民表示自己从未参加过任何养殖技术培训活动，有55.00%的农牧民参加过相关培训，但大多数受训农牧民表示培训后仍难以理解和掌握相关技术，并且表示未来仍倾向于维持现状，对采纳新养殖技术持保留态度。

（四）生产合作组织发展落后，多数专业合作社空有其名

专业合作社有利于提高农牧户进入市场的组织化程度和畜牧业产业化经营水平，是传统畜牧业向现代化畜牧业转变的重要特征之一。目前，各调研县均成立了一定数量的养殖专业合作社，但是从实际运行情况来看，这些合作社的发展较为滞后，大多数并未真正启动运营，成为名存实亡的“空壳社”。首先，各调研县注册备案的专业合作社中专门从事云南半细毛羊养殖的合作社较少，多数是在经营活动中涉及羊只养殖，其中只有较少数量的合作社从事了云南半细毛羊的养殖。如巧家县注册备案的专业合作社中，没有合作社从事半细毛羊养殖活动；鲁甸县涉及半细毛羊养殖的合作社仅有3～4家；永善县注册的合作社数量高达943个，但是多数是养殖生猪、肉牛或者山羊等其他畜种，涉及半细毛羊养殖的合作社不足40家。其次，多数合作社运行不规范，缺乏带动作用。调研中发现，受政府宣传和政策鼓励，各调研县均注册成立了一定数量的合作社，并制定了完整的章程，但合作社普遍缺乏健全的管理和运行机制，多数合作社成立的初衷是为了获得项目资金扶持或者用地优惠，这些合作社自成立以来从未开展过任何活动，空有其名。受访的农牧户反映，加入这些合作社后，他们的生产和经营活动并未见任何改善或变化。这也导致农牧户对合作社的接受程度较低，参加合作社的积极性不高。调研地区未参加半细毛羊养殖专业合作社的农牧户中，有80%的受访者表示未来不愿意参加专业合作社。最后，合作社经营管理人才稀缺，运营质量不高。目前，合作社管理人员受教育程度偏低，市场经济意识淡薄，尤其缺乏生产管理和品牌营销等方面的专业

人才，这也导致合作社合作领域狭窄，发展层次较低。目前调研地区能够开展运营的合作社主要提供饲草、疾病防控和技术指导等方面的初级合作内容，在羊肉生产、羊毛加工和销售等方面没有合作内容。

（五）半细羊毛市场价格较低，农牧户羊毛生产积极性大幅下降

云南半细毛羊属毛肉兼用型品种，是调研地区农牧户增加收入的主要来源。近年来受市场需求变化、羊毛质量下降等多重因素影响，半细羊毛价格持续下降，羊毛收益较低，农牧户普遍重视开发半细毛羊的肉用价值，羊毛生产积极性大幅下降。根据产业经济研究团队调研数据，2023 年调研县以出栏口径核算的半细毛羊养殖总收益平均为 994.20 元/只，其中半细羊毛产值为 14.84 元/只，仅占养殖总收益的 1.49%。从各县情况看，巧家县、鲁甸县和永善县每只半细毛羊的半细羊毛产值分别为 16.00 元、10.26 元和 18.07 元，占养殖总收益的比重分别为 1.88%、1.01%和 1.61%。相较于半细毛羊的肉用价值，较低的羊毛收益使得农牧户普遍忽视半细羊毛生产。调研发现，有的农牧户在养殖过程中将半细毛羊与出肉率较高的品种杂交，以提高羊只的产肉性能，导致半细羊毛长度变短，羊毛细度也出现了不稳定的现象。有的农牧户追逐快速育肥出栏，因为羊毛收益较少，甚至不再剪毛而直接出售活羊。此外，调研县政府在致力于增加农牧户收入的过程中，忽略了羊毛生产，未推广过羊毛质量控制的相关技术，半细羊毛未来生产形势较为严峻。

（六）半细羊毛销售渠道较少，农牧户羊毛销售困难

调研县均位于云南、贵州、四川 3 省结合的乌蒙山区，对内对外开放程度均较低，经济基础非常薄弱，市场体系也不完善。农牧户大多分散居住在高原地区，不仅位置偏僻、离集市较远，且交通极为不便，多数农牧户没有拖拉机等运输工具，向外运输半细羊毛也较为困难。因此，农牧户半细羊毛销售渠道较为传统单一，除部分羊毛直接卖给当地居民以制作羊毛披毡、羊毛被外，基本依靠来自四川和贵州的个体商贩上门收购。由于调研县没有专门的半细羊毛交易市场和政府层面的羊毛价格信息监测预警体系，农牧户了解价格信息的渠道非常有限，羊毛销售价格的定价主动权掌握在羊毛收购贩子手中，羊毛收购贩子更加熟悉市场行情且利用经验确定价格，农牧户讨价还价的空间十分有限。受访农牧户反映自家羊毛产量较少，只能被动接受羊毛收购贩子提出的收

购价格，压级压价现象较为严重，使得自身利益受损。

近年来，受化纤制品的冲击，农牧户半细羊毛自用比例逐渐减少。受国内外市场环境变化，羊毛制品消费需求的减少使得半细羊毛原料需求也明显减少，上门收购的贩子数量也大幅减少。调研中发现，大部分农牧户2023年所产半细羊毛因为没有商贩上门收购而未销售，还有农牧户2022年所产的半细羊毛也未曾售出。由于羊毛销售困难，部分农牧户将活羊连带羊毛出售，不再剪毛。此外，一些农牧户反映，半细羊毛的储存期限有限，若超过2年未能售出或被虫蛀，只能选择丢弃。

（七）政府对半细毛羊产业扶持力度较弱

各调研县曾经均是全国深度贫困地区，脱贫摘帽后目前都是国家乡村振兴重点帮扶县。国家制定的关于促进畜牧业发展的相关扶持政策，如草原生态保护补奖政策、农机购置补贴政策和动物防疫补贴政策等均在各调研县得以贯彻执行。随着国家帮扶项目和资金的增加，调研县均出台了大量支农政策，但针对半细毛羊产业的扶持还比较少，扶持力度较弱。从国家层面的相关政策来看，农机购置补贴政策已经覆盖全国，但由于当地农户多数未曾购买和使用各类养殖机械，导致当地农牧户普遍未享受到该补贴政策；各调研县目前均已经开始实施第三轮草原生态保护补奖政策，按照国家制定的标准给予农牧户相关奖励，但由于农牧户的草场资源较少，获得补贴数额较少，扶持力度并不明显。云南依托中央农业生产发展资金中的奶业振兴和畜牧业转型升级项目实施畜牧良种补贴，其中的种公羊补贴在执行过程中由云南省种羊繁育推广中心实施，涉及半细毛羊的补贴品种只有罗姆尼半细毛羊。需要购买的农牧户必须前往位于寻甸回族彝族自治县的云南省种羊繁育推广中心，由于距离较远且罗姆尼半细毛羊的产毛量高而肉用价值低于云南半细毛羊，农牧户的购买意愿不高。

从地方层面的相关政策看，各调研县根据自身产业基础和未来市场变化确定了农业领域重点扶持的产业，巧家县重点发展花椒和特色水果，鲁甸县重点发展生猪和马铃薯，永善县重点发展特色水果，3县均没有专门针对半细毛羊产业的扶持政策。昭通市出台的《推进农业现代化三年行动方案（2022—2024年）》中，针对畜牧业提出了推进云南半细毛羊等畜禽育种场、扩繁基地建设等措施，但与其他产业相比，投入半细毛羊产业的资金非常有限，半细毛羊的扶持力度较弱。

三、促进半细毛羊产业发展的对策建议

（一）加强半细毛羊良种保护和推广，提升半细毛羊生产性能

近年来，半细羊毛市场价格持续下滑，农牧户半细羊毛销售困难，农牧户的羊毛生产积极性明显降低，半细毛羊良种推广难度加大，半细羊毛产业亦存在一定的萎缩风险。良种资源的保护和推广利用是半细毛羊产业持续发展的重要基础。调研中发现，鲁甸县没有种羊场，巧家县和永善县虽然拥有原种场、种畜场，但是场内设施陈旧，仅能维持基本运营，对保持半细毛羊优良地方种群生产性能、稳定遗传特性均造成了不利影响。为了保护和开发利用地方优良品种，建议加大对种羊场等基层选育、繁育和推广部门的资金投入，不断提升半细毛羊的生产性能，以激发农牧户的羊毛生产积极性。第一，加大对种羊场等基层保种繁育单位的资金投入。一方面应提高种羊场保种经费的投入，用于加强半细毛羊良种的保护、生产性能的改善和供种能力的提升；另一方面应改善种羊场的设施条件，改善办公环境，提高人员福利待遇。第二，尽快在半细羊毛主产区成立扩繁场、繁育基地，健全半细毛羊良种繁育体系。如以半细毛羊原种场为中心，组建育种核心群；以合作育种为桥梁，以养羊户为基础，组建扩繁群。第三，鼓励、引导各种社会力量参与基层良种繁育体系建设，兴办种畜企业，充分发挥其在促进半细毛羊品种改良和选育工作中的重要作用，以促进保护和繁育优良半细毛羊种羊，提高半细毛羊良种覆盖率。第四，加大半细毛羊优良品种推广力度，如将云南半细毛羊纳入种公羊补贴品种，提高养殖户采购优质种公羊的积极性，推进生产种群质量的改善，为半细毛羊良种商品群的建设提供推广支撑。

（二）增加养殖基础设施建设投入，改善农牧户养殖条件

近年来，随着气候条件的变化，干旱、严寒等极端天气时有发生，部分调研地区面临草场退化和草地生产力下降的问题。我国半细羊毛主产区大多位于经济发展相对落后的高原山区，虽然各调研县一直加强牛羊圈舍建设，但是半细毛羊主产区的畜用暖棚、储草棚、草地围栏、青贮窖、药浴池等基础设施建设依然较为落后，养殖户防灾抗灾能力较弱。为此建议政府继续增加农牧户养

殖基础设施建设投入，改善农牧户养殖条件。第一，推进标准化养殖设施建设。如整合利用各类支农项目资金为农牧户修建标准化棚圈，配备饲草料加工机械，改善养殖条件；对农牧户旧棚进行改造和维修，加强畜用暖棚建设，增强农牧户防灾保畜能力。第二，依托中央和地方各类项目资金加大对公共基础设施建设的投入。如利用草原生态保护补奖项目资金及其他惠农项目资金，开展草原围栏、饲草料储备库、饲草料交易市场和水、电、路等公共基础设施建设，改善农牧户养殖基础设施条件。第三，持续推广人工种草，在牧草草种、种草肥料、牧草收割机械设备等方面向农牧户提供更多的支持，以提高草原生产力和承载能力。

（三）加强农牧户养殖管理的培训，提高养殖技术应用水平

目前，调研县半细毛羊饲养管理方式落后，不仅制约了农牧户养殖效益的提升，也不利于半细羊毛产业的进一步发展。因此，建议农业农村主管部门加强对农牧户养殖管理的培训，引导农牧户转变传统养殖观念，提高农牧户的养殖技术应用水平。第一，加强基层专业技术人员队伍建设，保障半细毛羊产业发展所需专业技术服务的人才基础。如加强基层技术人员的专业培训和继续教育工作，促进其更新知识结构，提升专业技能和素养；完善专业技术人员的招聘引进机制，及时补充基层专业技术人员队伍；充分利用国家绒毛用羊产业技术体系或与培育半细毛羊相关的科研院所、高校的各种专家资源，为加强农牧户专业技术培训、提高农牧户养殖技术奠定必备的人才基础。第二，做好农牧户技术培训需求调研工作，科学制订培训计划和方式。从调研情况看，多数农牧民年龄偏大，受教育程度偏低，缺乏现代化经营观念，对各种新技术的认知和理解能力有限；大部分农牧民更加喜欢现场指导、定向咨询辅导等培训方式，对于纯理论授课的接受程度较差，在培训内容方面普遍重视饲料制作与配比、疫病防治等实用技术。为此建议做好培训需求调研，结合当地农户的技术需求采用入户指导、现场展示方式与农牧户进行培训交流互动，提高培训实效。第三，扶持培育养殖技术示范户，突出养殖科技示范带动作用。目前农牧户的养殖技术除来源于自身积累外，还主要来自周边的养殖能手或养殖大户，部分农牧户往往也是看到其他使用者的效果才开始采用新技术。因此，培育养殖技术示范户有利于辐射引导农牧户转变传统养殖观念，接受和应用新技术。

（四）积极推动家庭农场、专业合作社的发展，提高产业组织化程度

家庭农场、专业合作社等新型农业经营主体的发展是引领半细毛羊产业从分散生产向规模化经营改变的重要力量，也是解决半细毛羊产业生产方式传统落后的有效选择。目前，调研地区的半细毛羊养殖仍以家庭为基本单位分散养殖，实力较弱。为此建议政府部门加强宣传、引导和扶持，推动家庭农场、专业合作社等新型农业经营主体的发展。第一，加大对家庭农场、养殖专业合作社发展相关的知识、政策、成功典型的宣传，让农牧户真正了解家庭农场、专业合作社的优点、发展经验和政府支持政策，激发农牧户成立家庭农场或者组建、加入半细毛羊养殖专业合作社的积极性。第二，地方政府在半细毛羊家庭农场成立或养殖专业合作社建立过程中，要给予必要的指导和支持。如在家庭农场方面，应完善对家庭农场注册、成立和管理制度的指导；在合作社方面，帮助其建立规范的运营管理和利益联结制度，鼓励其建立统一育种、统一饲养、统一销售等全统一经营管理模式，实现农牧户入股分红，与合作社风险共担、利益共享，引导合作社依法规范发展。第三，加强对家庭农场管理者、合作社管理人才的培训，使其掌握家庭农场、合作社从注册到经营管理的整套运行机制，提高实际管理水平，更好更高效地带动农牧户发展。此外，还应该充分发掘利用当地或周边区域的企业资源，扶持建立“企业＋合作社＋农牧户”发展模式，保障合作社产品销售，巩固合作社与农牧户间利益联结的稳定性。

（五）拓宽半细羊毛销售渠道，加快半细羊毛流通市场建设

调研地区农牧户多居住在高山地区，经营规模偏小，且地区经济基础薄弱，市场体系不完善，当地农牧户普遍依赖单一的贩子收购形式出售羊毛。在销售过程中，污毛计价、混等混级现象较为普遍，农牧户缺乏议价能力，利益容易受损。因此，建议加速地方性畜产品交易市场的建设进程，以拓展半细羊毛的销售途径并提升农牧户的养殖效益。第一，在半细羊毛主产区加快建设布局合理、规模适宜、功能完善的地方性畜产品交易市场，在羊毛收获季节可以快速、大批量集散羊毛产品，减少羊毛流通的中间环节，解决农牧户销路狭窄、销售困难、销售压价等问题，维护农牧户经济利益，也为加工企业到主产区收购半细羊毛产品提供便利。第二，加快推动专业合作社、家庭农场、羊毛经纪人等流通主体的培育，提高半细羊毛生产销售主体的生产经营管理水平及

其规模化、专业化和组织化程度，实现“小农户”“小生产”与“大市场”的有效对接。第三，鼓励农牧户、家庭农场、养殖专业合作社等与加工作坊直接建立长期羊毛原料生产供应关系。建议政府相关部门通过考察、招商等方式，与江苏等毛纺加工大省的企业建立长期联系，鼓励扶持有实力、信誉好的毛纺加工企业在当地设立收购点或者加工车间等，开展半细羊毛收购和加工。

（六）及时出台扶持政策，加大对半细毛羊产业的支持力度

我国半细毛羊主产区多位于少数民族聚居、经济发展相对落后的高原山区，农牧民受教育程度偏低，若任其自由发展，实现产业的可持续发展的可能性较小。尽管各调研地区均执行了国家相关扶持政策，在品种改良、畜牧养殖机械购置、疫病防治和草原生态保护方面等方面给予了一定的扶持，但是现阶段的扶持政策缺乏系统性与稳定性，扶持力度较弱。产业经济研究团队调研问卷数据显示，农牧户普遍获得了草原生态保护补奖资金，但金额较少，其他种公羊补贴、农业机械购置补贴、标准化规模养殖奖励、粪污治理等补贴奖励较少有人获得。农牧户的政策期望表现较为集中，种公羊补贴、能繁母羊补贴和棚圈建设补贴位列前三名，选择比例分别为85.00％、81.67％和55.00％。因此建议加强对农牧户政策需求调研，及时出台扶持措施，加大半细毛羊扶持政策的力度。第一，建议半细毛羊主产区政府提高对半细毛羊产业发展的重视程度，将半细毛羊产业纳入当地重点发展产业，地方财政应向半细毛羊产业适度倾斜，根据市场需求变化及农牧户养殖状况及时出台扶持措施。第二，将云南半细毛羊等地方优良品种纳入补贴品种，各调研县目前执行的政策中仅对符合要求的农牧户购买罗姆尼半细毛羊提供了种公羊补贴，而对大部分农牧户养殖的云南半细毛羊种公羊、能繁母羊均未实施扶持措施。为了提高农牧户养殖半细毛羊的积极性，建议划定主产区，将云南半细毛羊纳入补贴对象，并合理确定补贴标准，提高农牧户购买和更新优质种公羊的积极性，为产业发展奠定重要的品质保证。第三，稳步推进棚圈建设补贴措施，如鼓励养殖户对简陋旧圈进行拆除改建，实施以奖促建，制订棚圈修建奖励计划等。第四，加强现有畜牧机械购置补贴政策的宣传，或进一步出台更有针对性、补贴力度更高、补贴形式更灵活的地方畜牧机械购置补贴政策，引导养殖户充分利用补贴购置半细毛羊养殖生产所需机械。同时，对于资金有限的养殖户，可考虑利用乡村振兴帮扶项目资金，免费发放饲草料收割、加工方面小型机械，促进半细毛羊养殖

机械化水平和劳动生产效率提升。第五，积极落实金融扶持政策。受传统观念束缚，调研地区农牧户较少使用金融扶持措施。因此建议加强现有贴息贷款补贴政策的宣传，确保政策深入人心，协调鼓励当地金融机构，降低农牧户贴息贷款的门槛，简化申请程序，创新小额信用贷款、农户联保贷款、个人财产抵押贷款等灵活多样的担保方式，尽可能为有需求的农牧户提供金融扶持。

分报告三

2023年绒山羊产业发展调研报告

国家绒毛用羊产业技术体系

产业经济研究团队　　太原综合试验站

赤峰绒山羊试验站

2023年7月下旬—8月上旬，为了准确掌握2023年我国绒山羊养殖形势，了解绒山羊产业发展现状及存在的问题，国家绒毛用羊产业技术体系产业经济研究团队与太原综合试验站、赤峰绒山羊试验站合作，赴山西和内蒙古进行实地调查，先后对山西忻州市岢岚县、吕梁市岚县和内蒙古赤峰市巴林右旗、巴林左旗共4个县（旗）的绒山羊产业发展情况进行调研。调研采取养殖户问卷调查以及与调研地区畜牧兽医部门相关领导、种羊场场长、合作社和规模养殖场负责人、羊绒收购商贩、羊绒加工企业负责人座谈等多种形式，旨在全面了解2023年我国绒山羊养殖示范县（旗）的绒山羊养殖情况和产业发展情况。在调研过程中，我们得到了太原综合试验站赵鹏站长、张丽副研究员、郭宏宇副研究员，赤峰绒山羊试验站徐惠娟站长、刘树才场长及团队成员的亲自陪同和大力支持，在调研县（旗）畜牧兽医部门相关领导、地方干部及养殖户的热情帮助和积极参与下，调研工作得以开展并顺利完成。

基于此次调研，本报告重点分析2023年调研地区绒山羊的养殖形势和产业发展现状及存在问题，并提出促进绒山羊产业发展的对策建议。

一、2023年绒山羊养殖形势与产业发展现状

（一）绒山羊品种良种化程度较高，羊绒生产性能较为稳定

各调研县（旗）均具有优质的绒山羊品种，且良种化程度较高。具体来看，岢岚县和岚县的绒山羊品种均为晋岚绒山羊，该品种以辽宁盖州市绒山羊为父本、吕梁黑山羊为母本培育而成，是继柴达木绒山羊、陕北白绒山羊之后全国第三个人工培育的绒山羊新品种，也是山西养羊业唯一的国家级品牌。岢岚县2012年投资1.55亿元新建了国家级晋岚绒山羊种羊场，多年来依托该种羊场稳步推进当地绒山羊养殖户改良品种，目前岢岚县绒山羊良种化率已提高至100%；岚县养殖户通过引进辽宁、内蒙古等地的优质绒山羊品种，加强对本地晋岚绒山羊的品种改良工作，目前岚县绒山羊良种化率已提升至70%。巴林左旗和巴林右旗的绒山羊品种均为罕山白绒山羊，该品种是内蒙古经多年研究培育而成的绒肉兼用型新品种。巴林右旗建有赤峰市罕山白绒山羊种羊场，通过扶持种羊场发展组建绒山羊核心繁育群、经济繁育群，联合绒山羊繁育户，进行科学繁育，提供高品质种公羊，扩大高繁母羊群体规模，巴林右旗良种化率在90%以上；巴林左旗养殖户也较为注重引进种公羊进行更新换代，巴林左旗良种化率接近100%。

从羊绒质量水平来看，各调研县（旗）羊绒生产性能较为稳定，但受气候环境、资源禀赋、养殖户养殖技术水平等因素影响，同一绒山羊品种在不同地区的羊绒生产性能存在一定差异。由表1可知，岢岚县晋岚绒山羊羊绒平均细度为16.2微米，平均长度约5.0厘米，平均单产为700克/只，净绒率为55%；岚县晋岚绒山羊羊绒平均细度为16.2微米，平均长度约6.0厘米，平均单产为500克/只，净绒率为50%；巴林右旗的罕山白绒山羊羊绒平均细度为16.5微米，平均长度约7.0厘米，单产水平约625～750克/只，净绒率为50%；巴林左旗羊绒平均细度在16～17微米，平均长度约4.8厘米，单产水平为750～1 000克/只，净绒率为55%。

表1　各调研县（旗）绒山羊品种及其相关质量指标

调研县（旗）	品种	细度（微米）	长度（厘米）	单产水平（克/只）	净绒率（%）
岢岚县	晋岚绒山羊	16.2	5.0	700	55
岚县	晋岚绒山羊	16.2	6.0	500	50

（续）

调研县（旗）	品种	细度（微米）	长度（厘米）	单产水平（克/只）	净绒率（%）
巴林右旗	罕山白绒山羊	16.5	7.0	625～750	50
巴林左旗	罕山白绒山羊	16～17	4.8	750～1 000	55

数据来源：各调研县（旗）畜牧兽医部门统计资料和访谈记录。

注：各指标项均为成年母羊所产羊绒的质量指标。

（二）调研县（旗）绒山羊存栏量较2022年微幅减少

2023年各调研县（旗）绒山羊合计存栏量为79.37万只，较2022年的79.99万只微幅减少了0.78%（表2）。具体来看，各调研县（旗）绒山羊存栏量变化各异，岢岚县、巴林右旗的存栏量较2022年小幅增加，而岚县、巴林左旗的绒山羊存栏量同比明显减少。

表2　各调研县（旗）近年绒山羊存栏和羊绒产量变化情况

调研县（旗）	绒山羊存栏量（万只）			羊绒产量（吨）		
	2022年	2023年	增减（%）	2022年	2023年	增减（%）
岢岚县	30.07	31.00	3.09	138.00	145.00	5.07
岚县	4.05	3.37	−16.79	20.00	18.95	−5.25
巴林右旗	35.25	37.00	4.96	234.39	247.90	5.76
巴林左旗	10.62	8.00	−24.67	100.00	80.00	−20.00
合计	79.99	79.37	−0.78	492.39	491.85	−0.11

数据来源：调研县（旗）畜牧兽医部门统计资料和访谈记录。

岢岚县2023年底绒山羊存栏量为31.00万只，较2022年底的30.07万只增加了3.09%；巴林右旗2023年底绒山羊存栏量为37.00万只，较2022年底的35.25万只增加了4.96%。岢岚县和巴林右旗绒山羊养殖规模的增加主要得益于绒山羊养殖效益的相对提升和地方政府的大力扶持。一方面，近两年绵羊价格明显下降，使得养殖绒山羊的相对效益凸显。以岢岚县为例，该县绵羊出栏价格从2022年的32元/千克下降到2023年的22元/千克，养殖收入大幅减少但养殖成本坚挺，造成绵羊养殖利润微薄，甚至出现亏损。虽然绒山羊出栏价格也从2022年的40元/千克降到2023年的38元/千克，但相对来说价格降幅较小，养殖收益较为稳定。由于从绵羊转山羊养殖并没有技术上的障碍，所以当地一些绵羊养殖户在利益驱动下选择转产，增加了绒山羊养殖的数量。另一方面，地方政府针对绒山羊产业进行了一定的扶持，也激发了养殖户绒山羊养殖积极性，进一步推动了绒山羊存栏规模的扩大。在岢岚县，绒山羊一直是其“一县一业”的主导产业。岢岚县连续2年专门设有畜牧业补助奖励资金，每年拨付近150万元用于支持晋岚绒山羊产业的发展，包括晋岚绒山羊种羊场与科研院所的合作试验、新华·岢岚县羊指数建设、养殖户种公羊补贴等。巴林右旗将绒山羊产业作为该地区的优势特色产业，近年来积极出台并实施了种公羊良种补贴、庭院经济产业示范项目、壮大优势特色产业高质量发展项目等，有效提升了绒山羊养殖积极性。

岚县2023年底绒山羊存栏量为3.37万只，较2022年底的4.05万只下降了16.79%。岚县绒山羊存栏量同比减少主要源于以下几点：第一，该县对绒山羊养殖已无任何直接扶持，处于放任发展状态①。但该县对湖羊和肉牛的规模化养殖扶持力度较大，2023年分别预算5 000多万元、近3 000万元大力支持湖羊、肉牛的养殖基地建设。政府重湖羊、肉牛轻绒山羊，养殖户认为养山羊不如养牛②，导致绒山羊养殖规模受挤压。第二，绒山羊养殖人员老龄化，每年均有高龄养殖人员放弃绒山羊养殖，而绒山羊产业对年轻人吸引力不足，年轻人更倾向于选择外出务工。养殖主体的净流失，加剧了绒山羊养殖规模的下降。第三，岚县的山羊肉除本地消费外，大部分销往广州地区。前两年受新冠疫情及防控措施影响，销路受阻，养殖户被迫压栏，造成2022年底存栏处于高位。随着2023年销售渠道逐渐恢复，养殖户将加快加大出栏，进一步带来存栏量较2022年有所下降。

巴林左旗2023年底绒山羊存栏量为8.00万只，较2022年底的10.62万只下降了24.67%。巴林左旗绒山羊存栏大幅减少主要由于以下原因：第一，

① 根据《岚县2023年计划实施巩固拓展脱贫攻坚成果和乡村振兴项目公示》，2023年该县计划实施90个项目，预算总投资合计37 298.15万元。其中，计划实施养殖类项目16个，预算总投资合计13 074.10万元。养殖类项目针对生猪、肉牛、肉羊、蛋鸡、肉鸡、兔6个品种，涉及肉羊的项目为3个，预算总投资5 342.50万元，内容为支持绵羊（湖羊）养殖基地的建设，其中大力扶持湖羊养殖循环产业园的建设，对其扶持资金占肉羊总衔接资金的比重超90%；涉及肉牛的项目为4个，预算总投资2 776.10万元，内容为支持肉牛标准化规模场建设。

② 养殖户强调绒山羊好动，放牧时间太长，繁殖速度快、产羔多、需剪羊绒，日常养殖付出的精力更多；而牛喜净，具有耐粗饲性，抗病力强，日常管理简单。

在第三轮草原生态保护补奖政策期间，该旗草原全部划为禁牧区，绒山羊养殖转为全舍饲，使得养殖成本和管理成本较放牧时期明显增加，养殖效益下降带来养殖户饲养积极性减弱，一些养殖户减少养殖量，甚至退出养殖。第二，该旗畜牧业发展以肉牛、肉驴为主导产业，2022年开始出台了多项政策扶持养殖，促进肉牛、肉驴扩群增量和提质增效①。这使得养殖户在有限养殖条件下，受政策激励，更倾向于减羊而增牛、驴养殖。第三，该旗致力于打造成为蒙东地区优质肉羊重要产出基地，重点推广“杜寒”和“杜蒙”经济杂交组合，更注重羊的肉用性能提升，发展肉羊育肥，对山羊的毛用性能关注相对较少。

（三）调研县（旗）羊绒产量较2022年微幅下降

受绒山羊存栏数量变化的影响，2023年各调研县（旗）的羊绒产量变化趋势也不一致，但羊绒产量整体呈微幅下降趋势，各调研县（旗）羊绒合计产量从2022年的492.39吨减少到2023年的491.85吨，降幅为0.11%（表2）。具体来看，岢岚县和巴林右旗的羊绒产量有所增长，分别从2022年的138.00吨、234.39吨增至2023年的145.00吨、247.90吨，同比分别增加5.07%、5.76%；岚县和巴林左旗的羊绒产量有所下降，分别从2022年的20.00吨、100.00吨降至2023年的18.95吨、80.00吨，同比分别下降5.25%、20.00%。进一步比较各县（旗）羊绒产量和绒山羊存栏量的变化幅度，可见岢岚县和巴林右旗的羊绒产量增幅快于绒山羊存栏量增幅，岚县和巴林左旗的羊绒产量降幅慢于绒山羊存栏量降幅，这与调研县（旗）养殖户引种辽宁种公羊、改良提升羊绒单产有关。

（四）除巴林左旗外，调研县（旗）羊绒销售价格较2022年下降

2023年除了巴林左旗外，调研县（旗）的羊绒销售价格与2022年同期相

---

① 根据《巴林左旗2023年农牧业产业发展扶持意见》，针对肉牛产业有：“金牛贷”金融贷款，政府贴息3%，支持农牧民购买基础母牛和架子牛；肉牛社会化服务组织补贴10万元/个；肉牛电子耳标佩戴和防疫、改良信息录入试点35万元；动物防疫服务团队补贴10个共17万元；无偿给予肉牛改良员改良物资支持，优秀改良员补贴20名共19万元；苏木（乡镇）和嘎查（村）肉牛发展划分等次奖金。针对肉驴产业有：“金龙贷”金融贷款，参照肉牛产业“金牛贷”执行；基础母驴存栏补贴，存栏30头以上的家庭牧场补贴3万元/处，100头以上的规模养殖场补贴10万元/处；富河镇肉驴综合服务站费用补贴60万元；基础母驴保险，市、旗财政分别承担保费40%，养殖户自缴20%，享受保费补贴数量不超过1万头；优秀肉驴改良员补贴3名共3.5万元；苏木（乡镇）肉驴发展划分等次奖金。

比均有所下降。具体来看，岢岚县价格降幅最为显著，2023 年岢岚县羊绒平均销售价格为 200 元/千克，较 2022 年的 220 元/千克下降了 9.09%；岚县 2023 年羊绒平均销售价格为 200 元/千克，较 2022 年的 215 元/千克下降了 6.98%；巴林右旗 2023 年羊绒平均销售价格为 230 元/千克，较 2022 年的 240 元/千克下降了 4.17%；巴林左旗 2023 年羊绒平均销售价格为 220 元/千克，较 2022 年的 212 元/千克上涨了 3.77%（表 3）。

表 3　各调研县（旗）羊绒销售价格

单位：元/千克

调研县（旗）	2022 年	2023 年	增减变动（%）
岢岚县	220	200	−9.09
岚县	215	200	−6.98
巴林右旗	240	230	−4.17
巴林左旗	212	220	3.77

数据来源：调研县（旗）畜牧兽医部门统计资料和访谈记录。
注：表格中羊绒价格为套子绒价格。

2023 年岢岚县、岚县和巴林右旗的羊绒销售价格普遍下降，从整体来看，主要是由于全球经济低迷，国内外羊绒制品消费需求不旺。同时，各地价格下降的背后还存在一些区域性特点。在岢岚县和岚县，当地没有羊绒加工企业，羊绒主要由贩子收购后销售给内蒙古鄂尔多斯市、河北清河县的加工企业，导致羊绒收购价格受国际净绒价格影响较大。全球经济低迷和国内外羊绒制品需求下降导致加工企业库存积压，加之化工纤维制品更强的市场替代，加工企业的原绒采购需求下降，促使羊绒收购价格下降。巴林右旗情况略有不同。一方面，当地频繁发生的严重风沙天气导致原绒含沙量大，原绒重量增加，而无毛绒出绒率降低。同时受利益驱使，人为向羊绒掺杂沙土杂质现象重现。市场上羊绒销售质量和农户信誉下降，导致收购商贩出价变低。另一方面，同样受国际经济形势的影响，欧美发达国家等主要羊绒制品消费市场经济低迷，导致了羊绒制品国际市场需求下降，加工企业订单减少，进一步强化了原绒价格下跌。

巴林左旗的羊绒价格相较于 2022 年有所上涨，这一变化主要源于当地羊绒减产。养殖户生产的羊绒首先由本地贩子收购后在当地进行分级分类，然后再转卖给鄂尔多斯市、清河县等地的加工企业。2023 年下游加工企业对当地羊绒需求相对较稳，但由于羊绒产量减少明显（减产 20 吨，同比下降 20%），供不应求推动了当地羊绒收购价格小幅上涨。

（五）调研县（旗）绒山羊养殖效益有一定差异，羊绒收益占比较低

绒山羊养殖效益直接影响着养殖户的生产和生活，是绒山羊养殖积极性的直接驱动因素。绒山羊养殖纯收益是指整个出栏周期内养殖总收益减去养殖过程中投入的现金、实物、劳动力和土地等全部生产要素成本后的余额，反映养殖过程中消耗的全部资源的净回报。调研资料显示，各调研县（旗）绒山羊养殖效益存在一定差异（表4）。

表4　2023年调研县（旗）绒山羊养殖收益成本情况

项目	样本总体	岢岚县	岚县	巴林右旗	巴林左旗
养殖收益合计（元/只）	1 659.71	1 949.67	1 717.92	1 425.22	1 580.25
羊绒产值（元/只）	258.33	267.21	176.36	305.22	293.93
羊绒产量（千克/只）	1.28	1.38	1.00	1.37	1.38
羊绒价格（元/千克）	201.84	194.33	176.36	223.33	213.33
出栏羊销售收入（元/只）	1 401.38	1 682.46	1 541.56	1 120.00	1 286.32
出栏羊平均活重（千克/只）	44.20	46.67	44.91	40.00	45.22
出栏羊平均价格（元/千克）	31.71	36.05	34.33	28.00	28.44
其他副产品产值（元/只）	0.00	0.00	0.00	0.00	0.00
养殖成本合计（元/只）	1 080.37	1 230.07	1 030.21	961.92	1 099.26
幼畜购进费（羔羊折价）	585.08	666.67	613.64	515.56	544.44
精饲料费	273.12	284.24	220.51	251.79	335.96
饲草费	76.55	63.23	48.87	85.47	108.61
饲盐费	4.45	5.33	2.92	2.68	6.87
医疗防疫费	24.81	25.87	32.75	17.22	23.39
雇工费	12.31	19.16	17.60	10.98	1.49
水电燃料费	4.29	5.09	4.94	3.39	3.73
死亡损失费分摊	43.25	74.19	51.82	15.52	31.46
草场租赁费	8.76	7.09	4.30	21.04	2.61
修理维护费	7.59	12.74	4.76	6.61	6.26
固定资产折旧	40.06	66.06	28.10	31.66	34.44
其他费用	0.10	0.40	0.00	0.00	0.00

（续）

项目	样本总体	岢岚县	岚县	巴林右旗	巴林左旗
养殖纯收益（元/只）	579.34	719.60	687.71	463.30	480.99
成本利润率（%）	53.62	58.50	66.75	48.16	43.76

数据来源：根据产业经济研究团队山西和内蒙古地区绒山羊养殖户问卷数据整理计算得出。

注：此处是以出栏口径计算绒山羊养殖的成本收益，即计算一只绒山羊从出生至出栏整个时期的平均成本收益情况，其中，羊绒产值和出栏羊销售收入为相应单产和价格原始数据相乘计算所得并保留 2 位小数。

从养殖成本来看，在不考虑家庭用工成本时，2023 年调研县（旗）绒山羊的平均养殖成本为 1 080.37 元/只，其中，幼畜购进费（羔羊折价）、精饲料费和饲草费是最主要的构成项，这 3 项费用合计占养殖成本的比例高达 86.52%，饲草料成本压力突出。分地区来看，岢岚县绒山羊养殖成本最高，为 1 230.07 元/只；其次是巴林左旗，养殖成本为 1 099.26 元/只；岚县的养殖成本为 1 030.21 元/只；巴林右旗最低，养殖成本为 961.92 元/只。总体来看，各调研县（旗）绒山羊的养殖成本存在一定差异。岢岚县和岚县的养殖成本相对较高，主要源于羔羊折价、固定资产折旧较高，以及圈舍环境较差、养殖方式传统带来的死亡损失较多，雇用专人放牧造成的雇工费较高。巴林右旗和巴林左旗的饲草费占养殖总成本的比例相对较高，主要源于两地均实施草原生态保护政策，绒山羊养殖方式由全放牧转向半舍饲、全舍饲，饲料投入增加。由于巴林左旗全旗草原全部划为禁牧区，不得用于放牧，导致巴林左旗绒山羊养殖饲草料成本比巴林右旗更高。

从养殖收益来看，2023 年调研县（旗）绒山羊的平均养殖收益为 1 659.71 元/只，其中羊绒产值和出栏羊销售收入分别为 258.33 元/只和 1 401.38 元/只，分别占养殖收益的 15.56%和 84.44%。由此可见，羊绒产值在养殖收益中占比较低，出栏羊销售收入在养殖收益中占主要地位。由于各调研县（旗）养殖品种、养殖周期以及出栏羊销售途径等不尽相同，各地绒山羊养殖收益存在一定差异。岢岚县绒山羊平均养殖收益最高，为 1 949.67 元/只；其次是岚县，平均养殖收益为 1 717.92 元/只；巴林左旗的平均养殖收益为 1 580.25 元/只；巴林右旗最低，平均养殖收益为 1 425.22 元/只。岢岚县和岚县养殖收益较高主要源于出栏活重和出栏价格相对较高，而巴林右旗和巴林左旗的羊绒产值相对较高。

从养殖纯收益和成本利润率来看，2023 年调研县（旗）绒山羊的平均养殖纯收益为 579.34 元/只，养殖绒山羊的平均成本利润率为 53.62%。分地区来看，山西 2 县的养殖纯收益和成本利润率整体比内蒙古 2 旗要高。其中，岢岚县绒山羊平均养殖纯收益最高，为 719.60 元/只，成本利润率为 58.50%；岚县的养殖纯收益为 687.71 元/只，成本利润率最高，为 66.75%；巴林左旗的养殖纯收益为 480.99 元/只，成本利润率最低，为 43.76%；巴林右旗的养殖纯收益最低，为 463.30 元/只，成本收益率为 48.16%。

（六）绒山羊以家庭适度规模养殖为主，养殖技术水平有所提升

从养殖规模来看，随着养殖成本上涨压力增大，尤其是圈舍建造高投入、饲草料和雇工成本上涨，小规模养殖户已不再具备竞争优势，开始逐渐退出，各调研县（旗）绒山羊养殖正稳步向家庭适度规模化发展，户均养殖规模呈现上升趋势。从户均存栏规模来看，养殖户调研问卷数据显示，巴林右旗绒山羊养殖平均规模为 353 只，其中 75%的养殖户在 200 只以上，养殖规模在 300 只以上的养殖户占比为 43.75%；巴林左旗的平均养殖规模为 174 只，养殖规模在 100 只以上的养殖户占比为 68.75%；岢岚县的养殖平均规模为 129 只，养殖规模在 100 只以上的养殖户占比为 80.95%；岚县的平均养殖规模为 148 只，养殖规模在 100 只以上养殖户占比为 70.00%。从县（旗）标准化规模场发展来看，岢岚县全县有存栏 1 000 只以上的规模养殖场 17 家，巴林右旗有达到标准化规模养殖水平的规模场 1 家，巴林左旗有标准化规模养殖场 2 家。

从良种选育来看，各调研县（旗）仍以本地羊种交配为主，但养殖户对良种选育的认知逐渐提升，会通过购买或轮换种公羊来提高绒山羊种群的质量。岢岚县和岚县除了购买本地晋岚绒山羊种公羊外，还会引入辽宁和内蒙古的优质种公羊。巴林右旗和巴林左旗的养殖户会自行引进辽宁盖州市绒山羊进行改良杂交。绒山羊具备良好的自然繁殖能力，自然交配效益较高，因此很少使用人工授精和胚胎移植技术。

从饲料配比来看，养殖户补饲主要采用玉米、秸秆和干草，并逐渐开始注重饲料的营养搭配，如巴林右旗养殖户按照 3∶7 的比例配比精饲料和粗饲料，有助于提高饲料利用率和控制养殖成本。此外，多数养殖户会在母羊配种和产仔期间，购买混合饲料，保证母羊所需营养，促进羔羊生长发育。

从牧业机械使用来看，绒山羊养殖户配备了一定的饲草料加工机械。岢岚县大部分养殖户拥有铡草机或小型饲料粉碎机，养殖大户会配有青贮窖、大型饲草料加工机械、撒料机；岚县养殖户主要拥有小型铡草机，规模养殖场会使用揉丝机或粉碎机等；巴林右旗大部分养殖户拥有小型饲料搅拌机，而巴林左旗养殖大户基本配有搅拌机。

从剪绒方式来看，巴林左旗因缺少专业剪绒队，养殖户更愿意手工剪绒以保障羊绒质量和减少对羊只的伤害。巴林右旗、岢岚县和岚县已从过去手动梳绒普遍转为电动推子剪绒，机械剪绒比例达到98%以上，剪绒耗时短、羊绒收获效率提升。养殖户大多自己完成机械剪绒，大规模养殖户可能会雇工或雇用专业剪绒队上门剪绒，手工剪绒费用为7～8元/只，机械剪绒费用为15元/只。

从疫病防治和病死羊无害化处理来看，除了县（旗）集中强制免疫外，养殖户还会积极购买兽药进行常见羊疾病防治。大多数养殖户已掌握基本的打针和用药技能，并会通过微信群等通信方式加强技术交流。此外，养殖户每年对羊圈进行1～3次的清理和消毒，对病死羊都会进行无害化处理，保障绒山羊生产所需的健康环境。

（七）合作社数量有限、规模较小，为社员提供服务较少

除巴林右旗外，各调研县（旗）均成立了绒山羊养殖专业合作社，但合作社数量有限，规模也较小，由于没有规范运营，导致为社员提供的服务也较少。①在合作社数量方面，各调研县（旗）的绒山羊养殖专业合作社数量较为有限。岢岚县涉及绒山羊养殖的合作社有54家，岚县约有10家，巴林左旗也仅有10家，而巴林右旗没有专门从事绒山羊养殖的合作社。②在合作社规模方面，各调研县（旗）绒山羊养殖合作社普遍规模较小，成员数量有限。大多数合作社是由养殖人员个人成立，或者由养殖户与亲朋好友、周围村民联合成立，注册成员规模通常介于5～20人。而在实际运营中，更常见的情况是只有社长在经营合作社。如岢岚县贾义生养殖专业合作社注册登记的社员共有5人，但现在只有社长在经营。③在合作社运营方面，普遍表现为运营不规范，为社员提供服务较少。一些合作社只发挥了单一服务作用，社员仍为各自养殖，没有真正形成利益共同体。如岢岚县龙腾养殖合作社并未规范运营，社员各自养殖，合作社未对社员日常养殖提供任何服务，仅在成立之初以合作社名

义从村集体承包了15亩建设用地用于修建羊圈，租期为30年，年租金共1 500元，社员按照各自承包亩数承担租金。羊圈建设共投资约80万元，获得了政府补贴20万元，补贴按社员圈舍投资金额占比分配。又如巴林右旗宏兴肉羊专业合作社现有社员6户，平时绒山羊养殖为各养各的、独立经营。只是社员会聚在一起商议讨论饲草购买、防疫配种、销售羊绒等事项，分享信息、联络商贩，但实际为各自交易，不经合作社结算，价格与散户相比也没有任何优势。此外，一些合作社仅为挂名，实际没有任何运营。如巴林左旗林东镇如新合作社在成立之初获得了棚圈建设补贴和优惠贷款等支持，但实际上一直是个人经营，没有实质社员。

当前的绒山羊养殖专业合作社无法助力小农户对接大市场，养殖户加入合作社的意愿较低。根据农牧户调研问卷显示，仅1户养殖户加入了绒山羊养殖专业合作社，但合作社并未提供任何服务，其余98.08%的养殖户表示没有加入合作社，其中近40%的未入社养殖户表示将来也不愿意加入合作社。

（八）调研县（旗）羊绒销售以贩子收购为主，个别地区“工牧直交”有所发展

目前各调研县（旗）绒山羊养殖主要以家庭散养为主，尤其在牧区，养殖户居住分散，交通不便，每户产绒量较少，再加上缺少其他销售渠道，多数养殖户选择直接将羊绒卖给上门收购的贩子。双方既没有签订合同也无口头协议，而且羊绒收购时不分级，均是混等收购，羊绒贩子大多数依靠下游收购商的报价和自己的经验给出羊绒收购价格，双方讨价还价、协商一致后以现金方式一次性完成交易。具体来看，岢岚县的羊绒贩子上门收购养殖户的羊绒后，一般将羊绒倒卖至下级羊绒流通商或者羊绒加工企业手中，从中赚取差价，最后主要流向内蒙古、河北的羊绒加工企业。当地羊绒流通商主要作为羊绒加工企业的代理，帮助加工企业从羊绒贩子手中直接收购羊绒，代理费通常在每吨2 000～3 000元。岚县的羊绒贩子主要来自外地，由于不熟悉当地养殖情况，通常会联系当地村民协助找户找羊。羊绒贩子在村民帮助下到养殖户家中查看羊群羊绒情况，如果成功与养殖户达成羊绒收购交易，则由羊绒贩子负责剪绒，整群结算，并一次性向养殖户支付交易款项，村民也会得到每只羊1元的中间介绍费。在巴林左旗，羊绒贩子主要为本地

人，他们从养殖户手中收购上来羊绒后，会进行简单分级分拣，然后再将其转售给内蒙古鄂尔多斯市和河北清河县的大型加工企业。巴林左旗的羊绒贩子会根据市场行情调整囤货和出货，在承担更大市场风险的同时，也有更大的利润空间。

巴林右旗的羊绒除了羊绒贩子收购以外，“工牧直交”方式有所发展，每年约有10%的羊绒由养殖户直接销售给内蒙古赤峰东荣羊绒制品有限公司。该公司成立于2001年，主营业务涵盖了从羊绒采购、分梳、纺纱、染色、编织到成衣制作和羊绒制品销售的全产业链，注册资金达2亿元，固定资产投入达5亿元，现有职工1 300多人，羊绒加工能力可达1 800吨/年。近两年该企业每年的羊绒收购量约在1 500吨水平，其中50%来源于赤峰本地，50%从宁夏、甘肃、山西、陕西和辽宁等外地购入；一半从羊绒贩子手中收购，一半由公司自行到各产区收购。该公司自养殖户手中收购羊绒不分级定价，价格与市场价没有明显差别，同时也没有签署交易合同，只是节省了中间的二道贩子环节。与羊绒贩子的合作也不固定，每年羊绒贩子会在羊绒收购期与公司负责人进行电话沟通，口头协商收购价与订购量。多年来双方履约状况良好，收购商与加工企业互相依存，形成默契的合作。

（九）调研县（旗）绒山羊产业扶持政策存在差异

各调研县（旗）均是我国绒山羊的重要养殖地区，绒山羊产业也是当地畜牧经济中的重要组成部分。目前，各地区均执行了国家出台的促进畜牧业发展的相关政策，如畜禽良种补贴政策、动物防疫补贴政策、畜牧机械购置补贴政策和草原生态保护补奖政策等。然而，由于各调研县（旗）在经济发展、财政状况以及绒山羊产业规划等方面存在差异，导致对绒山羊产业的扶持程度也有所不同。

岢岚县素来享有“骑在羊背上的岢岚”的美誉，除执行国家层面政策以外，2023年还利用县级统筹资金出台了一些针对绒山羊产业的地方扶持政策。在疫病防治方面，除强制免疫的传染病外，对羊三联四防、羊传染性胸膜肺炎、羊痘、牛结节病4种非强制免疫传染病疫苗免费打针防疫，补助购置疫苗费40万元[①]；在种羊场方面，继续拨款30万元用于支持晋岚绒山羊种羊场和山西农

① 涉及牛1.2万头、羊40万只。

业大学、山西省农业科学院畜牧兽医研究所合作开展“两高一推”试验，对照申报国家级核心育种场进行性能测定、数据采集、档案整理，特聘羊产业专家①；在品种改良方面，拨款20万元用于补助养殖规模在200只以上的养殖户从晋岚绒山羊种羊场调换种公羊②，每千克补助种羊场40元，市场差价20元/千克由养殖户负担，从2023年开始分年度实施，调换200只；在品牌宣传方面，继续拨款50万元用于支持新华·岢岚县羊指数项目建设③，借助新华社覆盖全球的传播优势，扩大岢岚羊的知名度和产业地位，扩大岢岚羊产业品牌影响力。

近年来，岚县依据自身农业优势，形成了以马铃薯为主，畜牧养殖、小杂粮加工、沙棘育种等为辅的“一主多辅”农业产业格局。绒山羊产业已经淡出该县主导产业行列，政府对绒山羊的扶持主要体现在购买动物防疫社会化服务上。自2022年起，岚县整合三级配套资金约200万元/年，采用政府采购招标的方式，自第三方机构购买动物春秋季集中免疫和月补免服务④。免疫病种包括高致病性禽流感、口蹄疫（春秋2次）、猪瘟、新城疫、高致病性猪蓝耳病、羊小反刍兽疫（春季1次）、羊布鲁氏菌病（春季1次）。

除草原生态保护补奖政策⑤、农机购置补贴外，巴林右旗整合资金，采取

---

① 2022年扶持内容为：“山西省农业科学院畜牧兽医研究所晋岚绒山羊育种中心实验室”及“国家绒毛用羊产业技术体系太原综合试验站晋岚绒山羊科研基地”，在晋岚绒山羊种羊场开展晋岚绒山羊多胎羊选育研究、晋岚绒山羊多绒羊选育研究、晋岚绒山羊胚胎移植技术研究、晋岚绒山羊冷冻精液技术研究和绒毛品质分析5个科研课题。

② 享受补贴养殖户名单产生流程：县畜牧兽医中心按照各乡镇绒山羊养殖规模向下分配补贴指标，具体享受补贴养殖户由村里推荐、乡镇审核上报，县畜牧兽医中心通过电话通知养殖户前往晋岚绒山羊种羊场挑选种公羊，养殖户当场选羊称重，按照市场差价支付款项。

③ 该指数由中国经济信息社（新华社直属的专业经济信息服务机构）与岢岚县人民政府共同研发，体系中包含2只柏籽羊产品子指数［山羊绒（套毛）价格指数、柏籽羊胴体价格指数］和5只主要湖羊肉分割品子指数（羊前腿价格指数、羊后腿价格指数、羊里脊价格指数、羊肋排价格指数、羊肉卷价格指数），发布频率为周报、月报。

④ 2022年第三方机构为岚县众诚畜牧科技发展有限公司。

⑤ （1）实施对象：持有草原承包经营权证或签订了草原承包经营合同的农牧民、国有农牧林场的员工。（2）草原分区：禁牧区，将禁牧积极性较高的90个嘎查（村）划定为禁牧区，执行严格的禁牧政策，不得放牧利用，5年为一个禁牧周期；草畜平衡区，将禁牧区以外的草原划定为草畜平衡区，在执行严格的草畜平衡制度的基础上，实行季节性休牧制度，季节性休牧期为每年4月1日至7月1日。（3）补奖范围：禁牧区补奖面积448.27万亩，草畜平衡区补奖面积545.59万亩。（4）补奖标准：禁牧区10元/亩，草畜平衡区3.615元/亩。（5）补奖资金：禁牧区补奖4 482.7万元，草畜平衡补奖1 972.307 85万元，合计6 455.007 85万元。

了一些扶持政策来促进绒山羊产业的整体优化。一是良种补贴。为加快肉羊良种化进程，巴林右旗自 2022 年起以直接补贴的方式扶持养殖主体①购买特级或一级种公羊②，补贴标准为 1 200 元/只（国家补贴 800 元＋自治区补贴 400 元）③，计划补贴包括罕山白绒山羊在内的 3 912 只肉羊④。二是庭院经济产业示范项目。为了提升项目产业化水平，采取整村推进方式，2023 年利用 1 286.715 万元资金支持庭院经济产业发展。其中与绒山羊相关的主要有 3 类：第一类是对未取消风险监测户，可获得优质基础母羊（多胎型）补贴（最多补贴 2 000 元）、棚圈建设补贴⑤、饲草料粉碎加工机械等农机购置补贴（以指导价格为准），每户累计最高补贴不超过 1.5 万元。第二类是对其他符合条件的庭院经济项目申请户，可按照每户产业总投入的 20%进行补贴，每户累计最高补贴不超过 0.2 万元。第三类是整村推进专项奖励扶持，以嘎查（村）为单位，对一次性全部淘汰劣质牲畜，且优化后牲畜数量达到户均 50 只羊以上（含 50 只），严格遵守舍饲禁牧管理政策的村庄，提供 30 万～50 万元的奖励资金。经验收合格后，这些奖励资金由苏木（镇）、街道和嘎查（村）通过以奖代补的方式分配给各户。三是针对脱贫户（含监测户）的壮大优势特色产业高质量发展项目，2023 年免费为全旗养殖绒山羊的脱贫户（含监测户）提供优质种公羊、采购同期发情药品 8 000 只羊单位，为脱贫户（含监测户）免费提供所需药品。

在巴林左旗，除了实施机械购置补贴（自治区标准）和草原生态保护补奖

---

① 养殖主体为巴林右旗境内从事肉羊养殖的农牧民、家庭牧场、规模场、养殖专业合作社。

② 种公羊标准必须是经自治区、盟市或旗种畜禽管理部门鉴定的特级、一级种公羊，有种畜禽生产合格证书。种公羊必须佩带耳标，携带健康合格证，系谱清楚，档案记录齐全。

③ 良种补贴资金申报程序：养殖主体提交购买种公羊申请→嘎查（村）村民委员会汇总公示→上报所在苏木（镇）、街道审查签署意见→上报旗农牧局→苏木、街道和嘎查组织养殖主体到选定的供种单位购买种公羊，并代表购羊者与种羊场签订购买合同→苏木、街道填写《种公羊补贴项目种公羊供应清册》上报旗农牧局审核→旗农牧局抽查核实汇总购买种公羊情况→旗财政局根据核实情况将补贴资金用“一卡通”的形式直接发放给养殖主体。

④ 肉羊良种补贴品种包括乌珠穆沁羊、昭乌达肉羊、小尾寒羊、湖羊、罕山白绒山羊等品种。原则上肉羊养殖户最多可享受 3 只种公羊的补贴，养殖场合作社等经营主体最多可享受 5 只种公羊的补贴。种羊场之间不得相互购买种公羊享受补贴。

⑤ 棚圈（暖棚）按 200 元每平方米、改扩建棚圈按 80 元每平方米补贴，青贮窖按 200 元每立方米、储草棚按 350 元每平方米补贴。

政策[①]外，涉及绒山羊产业的扶持政策主要为中央财政支持的良种补贴。该政策自2022年开始实施，适用于能繁母羊存栏30只以上的育种场（户），对其购买一级及以上品种的种公羊按800元/只的标准提供补贴，补贴品种以地方品种为主，兼顾引进品种，养殖户间换种不得补贴。参与补贴的内蒙古白绒山羊种公羊绒纤维细度必须在14.5微米以下。补贴需“见购买种公羊、见购买手续、见种公羊系谱档案、见购买人”，共计补贴2 712只。

二、当前绒山羊产业发展面临的主要问题

（一）种羊场发展面临资金人才难题，保种育种功能未充分发挥

优良种质资源是绒山羊产业可持续发展的源头和先导，种羊场作为保护品种资源、推进品种改良的主阵地，其良性发展是我国绒山羊产业向现代化、高质量转变的前提和基础。然而，调研县（旗）种羊场在发展中面临运营资金、技术人才缺乏问题，整体精力集中在生存经营上，导致优良地方绒山羊的保种育种功能未充分发挥。

调研县（旗）中仅山西岢岚县和内蒙古巴林右旗建有种羊场。岢岚县的晋岚绒山羊种羊场目前由京岚智联神农岢岚科技有限公司全托管，该公司受湖羊养殖场效益亏损拖累，资金周转困难，波及晋岚绒山羊种养场的正常运转。晋岚绒山羊种羊场原总经理和技术人员因工资问题离职，目前场内仅有2名饲养人员负责千只绒山羊日常养殖，良种登记、性能鉴定、遗传评估、品系管理、育种规划、选种选配等工作由于缺少技术人员近乎停滞，造成供种能力和质量都非常有限。再加上晋岚绒山羊种羊场是事业单位、公司代管，缺少市场激励机制，绒山羊销售也主要依赖政府种羊补贴政策，种羊场低效运转，更谈不上品种保护和改良。巴林右旗的赤峰市罕山白绒山羊种羊场于2020年10月转企改制，由事业单位变为国有企业。由于政府没有明确固定的经费支持，禁止放

---

① 草原生态保护补奖政策具体信息如下。(1) 实施对象：13个苏木（乡镇）、街道，165个嘎查（村），凡持有草原承包经营权证或签订草牧场承包经营合同的农牧民、国有农牧林场的员工。(2) 草原分区：全旗草原全部划为禁牧区。(3) 补奖范围：禁牧面积585万亩。(4) 补奖资金：国家下达补奖资金3 948.75万元/年，自治区提高标准后补奖资金1 969.844万元/年，第二轮草原补奖政策结余资金131万元，平均每年可增加补奖资金26万元，最终全旗草原补奖政策资金5 945万元/年。(5) 补奖标准：依据自治区确定的禁牧补助标准和旗标准亩系数，确定禁牧补助标准为10.246元/亩。

牧后，全舍饲养成本增加，种羊销售受市场行情波动影响，赤峰市罕山白绒山羊种羊场运转资金紧张。场内资产多为生物资产，从金融机构贷款融资也较难。再加上缺少技术人才，赤峰市罕山白绒山羊种羊场在品种改良提升方面的精力也有限。岚县和巴林左旗均没有绒山羊种羊场或其他繁育机构，当地政府没有特别关注地方绒山羊品种保护。

整体来看，种羊场发展受困甚至主体缺失，对周围养殖户改良的辐射引领带动作用必定会受影响，这也是造成养殖户引种改良处于渠道混乱、品种杂乱、管理无序的原因之一。

（二）羊绒销售渠道单一，“优质优价”之路任重道远

目前，各调研县（旗）的羊绒销售渠道比较单一。大多数调研县（旗）当地既没有羊绒加工企业，也没有固定的羊绒交易场所，再加上养殖户居住地分散、羊绒产量有限，只能通过贩子上门收购这一种方式销售羊绒。此种销售方式中，在养殖户层面，由于缺乏分级整理和销售意识，一般直接毛绒混剪，并不对剪下的羊绒进行分级整理，不同羊只、不同部位、不同细度的羊绒直接混在一起销售；在羊绒贩子层面，其上门收购往往通过手感目测，主观判断羊绒质量，没有条件也没有能力对羊绒进行分级，只是根据市场行情和自身观感给出混级收购价格。养殖户与羊绒贩子之间经过简单的讨价还价，以一手交钱、一手交货的方式完成交易。养殖户产量小、市场信息掌握有限，在交易过程中缺乏能动性，议价能力较弱，易受羊绒贩子“压级压价”。个别调研县（旗）当地虽有羊绒加工企业直接从养殖户手中收购羊绒，但是其收购量有限，与养殖户没有签订固定收购合同，直接混等混级收购，价格也是以主观经验判断，并不是真正意义上的“工牧直交”。当前，“工牧直交”等现代化交易方式发展缓慢，未来一定时期内养殖户还将维持选择销售简便、付款有保障的羊绒贩子上门收购方式，羊绒销售“优质优价”之路还任重道远。

（三）养殖户片面追求产绒量，羊绒细度逐年增粗

虽然羊绒业在我国整个纺织工业中所占比例并不大，但在国际羊绒业中却有很强的竞争力，是迄今为止国内众多畜产品中唯一以克为单位计价的纺织原料，具有很高的经济价值。然而，近年来调研县（旗）羊绒细度有逐年增粗的

趋势，并且粗化速度也较快。

具体来看，山西岢岚县和岚县晋岚绒山羊成年母羊所产羊绒平均细度从2012年的不到15微米粗化至2023年的16.2微米，年均以0.1微米的速度变粗；内蒙古巴林左旗和巴林右旗罕山白绒山羊成年母羊所产羊绒平均细度从2013年的13～15微米粗化至2023年的16～17微米，年均以0.1～0.4微米的速度变粗。内蒙古纤维质量监测中心的《内蒙古自治区山羊绒、绵羊毛公证检验质量分析报告》数据也显示，内蒙古公证检验山羊原绒平均直径从2015年的15.72微米增至2022年的16.02微米，以每年0.04微米的速度变粗；分梳山羊绒平均直径从2015年的15.61微米增至15.99微米，以每年0.05微米的速度变粗。根据国家标准GB 18267—2013《山羊绒》的型号等级分类，平均细度超过16微米的羊绒已经属于粗型，羊绒品质下降不容忽视。究其原因，主要在于国内羊绒销售未实现“优质优价”，农牧民生产细羊绒的积极性不高，出于经济利益考虑不重视羊绒细度，而是片面追求羊绒产量的增加，自发购买羊绒单产高、细度粗的辽宁绒山羊种公羊用于改良杂交，品种产绒性能变化带来羊绒细度变粗，也导致优质特色基因流失消失。此外，绒山羊养殖方式由放牧变为舍饲圈养、羊绒采集方式从抓绒变为毛绒套剪也加剧了羊绒粗化。

羊绒细度是衡量羊绒价值的重要指标，如果放任羊绒粗化不加以有效遏制，不仅影响羊绒价格和养殖户的羊绒收入，而且使得下游羊绒加工企业缺乏质量好的羊绒原料，危害企业持续发展，最终势必会削弱羊绒产业的优势。

（四）养殖人员年龄老化、受教育程度低，产业发展后劲不足

发展绒山羊产业，养殖户是主体。目前，从事绒山羊养殖的农牧户家庭中主要决策者年龄普遍偏大。产业经济研究团队2023年度调研数据显示，受访养殖人员平均年龄为51岁，其中年龄在35岁以下的仅有3.85%；从事养殖的农牧民年龄多在45～59岁，占被调研农牧民总数的51.92%；超过60岁的养殖人员比例为21.15%，年龄最大的为75岁。从调研情况看，农牧民中大多是老人从事绒山羊的养殖，青壮年大多外出务工、经商，较少从事绒山羊养殖。究其原因，养殖业投入周期长、抗风险能力低、市场价格波动大、经济效益较弱、生产生活艰辛劳累，对新一代劳动力的吸引力弱；相比在农村务农，

年轻人更倾向于迁往城市，他们渴望开拓视野、探索世界，向往城市多姿多彩的生活体验，以实现自我价值。部分养殖人员随着年龄增长，劳动能力下降，会有意缩减养殖规模或退出养殖活动。65%的被调研养殖户表示下一年不打算扩大绒山羊养殖规模，其中38.46%的养殖户坦言，缺乏劳动力是制约养殖规模扩大的原因之一。

从受教育程度来看，多数受访农牧民为初中或小学文化程度，仅有1.92%的农牧民具有大专及以上学历，94.23%的农牧民受教育程度在初中文化程度及以下，有42.32%的农牧民受教育程度为小学文化程度及以下。受教育程度偏低的农牧民思想观念比较落后，缺乏现代化生产的意识，对新鲜事物接受较慢，采纳先进养殖技术动力不足，提升养殖管理水平的意愿也不足，制约了绒山羊产业的高质量发展。

随着青壮年农村劳动力长时间、大规模向城市转移，绒山羊产业从业人员老龄化趋势将越来越明显，产业发展后备劳动力缺乏问题逐渐显现，这与发展现代畜牧业需要大量高素质农牧民的需求不相适应，产业发展后劲不足。

（五）绒山羊养殖专业合作社发展无起色，动力弱且联结散

根据调研情况，近年来调研县（旗）绒山羊养殖专业合作社发展无明显起色，不论是数量增加还是质量提升均已处于停滞状态，实际按照合作社标准运营的规范社少之又少，更找不到能够起到典型示范作用的合作社。山西岢岚县绒山羊养殖专业合作社虽然数量多，但多数合作社是为了申报项目、获得经费而成立，实际并未合作运营，仍是各家各户独立经营；其他调研县绒山羊养殖专业合作社不仅数量少，而且运行不规范，不存在真正发挥作用的典型示范社。总体来看，各调研县（旗）的绒山羊养殖依然是以家庭为单位的小农生产方式，各家各户分散生产、单独经营，彼此之间的经济联结处于分散状态，不仅没有资金、技术和人才等资源的整合利用，也没有建立起风险共担和利益共享机制，发展动力十分薄弱。

造成这一问题的主要原因在于：一是从客观条件上看，绒山羊养殖户户数减少，户与户之间居住分散、联系不便，缺少规模化圈舍，合作社统一饲养管理、标准化生产等难度大，合作职能发挥受制约；二是从主观意识上看，养殖户的养殖观念各异，小农经济思想留存，缺乏合作精神和意识，没

有强烈意愿和动力发展合作社；三是从成立动机上看，现有合作社大部分不是按照合作制原则建立起来的，从最初成立就专门盯着政府扶持资金，项目不来就不动，合作社缺乏持续运作的生机和动力；四是从带头人上看，农牧区缺乏领办合作社的带头人，从村干部到普通群众，选不出一个会经营管理、懂先进技术、能开拓市场、有奉献精神和责任心的致富能手和带头人，无合适人才制约了合作社专业化发展；五是从政府关注上看，政府没有针对性支持鼓励绒山羊合作社发展，并且一些调研县的补贴政策导向为补散户不补合作社，如果养殖户加入合作社就丧失评五保户、低保户资格，政府的忽视和限制进一步使合作社发展停滞、养殖户入社积极性严重受挫。

（六）基层畜牧兽医人才老化，迭代更新和传帮带机制阻滞

目前，我国绒山羊养殖总体依然是以家庭为基本单位，以分散养殖为主。养殖人员普遍文化水平偏低，尤其是小规模养殖户养殖方式传统，实用新技术应用少，对基层畜牧兽医专业服务具有较大的需求。但各调研县（旗）的基础畜牧兽医服务部门普遍面临专业技术人才队伍老龄化、知识结构较为陈旧、新鲜血液难以补充等问题，专业队伍建设迭代更新和传帮带机制阻滞，不利于绒山羊产业的健康发展。

从调研情况看，山西岢岚县畜牧业发展中心目前有30多人，最年轻的工作人员也50多岁了。并且由于编制紧张，没有进人指标，无法引进年轻人才，人员结构老化明显。同时该县自机构改革后，乡镇畜牧兽医站承担的基层畜牧兽医职能划归乡镇新成立的综合便民服务中心，具体的动物防疫、疫病监测等工作由该中心的工作人员完成。然而该中心事务繁多，工作人员的工作内容繁杂，基层畜牧兽医工作和效果受到明显影响，工作人员的专业技术水平提升也受限。内蒙古巴林右旗农牧局反映，当地畜牧兽医专业技术人员年龄结构偏大，50岁以上的占一半以上，40岁以下的技术人员较少，缺乏新鲜血液。巴林左旗自实施免费强制免疫后，基层防疫员工作量大，随着畜牧业发展和公共安全、生态环境、乡村振兴功能不断拓展以及力量下沉、巩固基层基础要求不断提高，基层防疫员肩负的职责更加繁重，但工资报酬低、工作环境差，对年轻人吸引力弱。

当前，由于畜牧兽医专业技术人员年龄老化、工作繁重，导致各调研县

（旗）在绒山羊疫病防治、养殖技术指导等方面工作压力较大。在调研中了解到，各调研县（旗）每年均组织畜牧相关技术培训，但由于人力、物力有限，有 71.15%的养殖户表示近 3 年没有接受过绒山羊养殖技术和养殖管理方面的培训，25.00%的养殖户表示近 3 年只参加过一两次培训。

（七）特色产业未获重点关注，政府扶持力度有限

调研县（旗）均有地方培育的绒山羊品种，绒山羊产业是当地最具特色的畜牧产业。由于绒山羊产业并非主导产业，地方政府对其发展关注度不够，虽有一定扶持，但扶持力度有限，使得绒山羊养殖还是主要处于一种自发随性的发展状态。

从国家层面来看，国家对绒山羊养殖的扶持有良种补贴、草原生态保护补奖、标准化示范场创建补贴、农机购置补贴等。但是，山西并非良种补贴和草原生态保护补奖的项目省份，养殖户保种繁育和遵守封山禁牧规定未获得扶持；内蒙古虽然享受草原生态保护补奖政策但补助金额较少，远不够弥补禁牧后舍饲喂养成本，存在养殖户偷牧现象；国家标准化示范场建设奖励补贴指标非常有限，调研各省份规模养殖户几乎未曾获得这项补贴；绒山羊养殖低值小型机械不在国家农机购置补贴机具范围内，养殖户购置这些机械均无法获得相关补贴。

从地方政策层面来看，岢岚县对绒山羊养殖的地方扶持相对较多，但与养殖户直接相关的政策仅有非强制性疫苗免费接种和种公羊补贴，补贴总额不足 60 万元，200 只的种公羊补贴数量也仅相当于当前存栏规模的 0.06%，覆盖范围非常有限。此政策 2023 年刚开始实施，从养殖户调研问卷反馈来看，很少有养殖户获得。巴林右旗的种公羊补贴于 2022 年刚开始实施，虽然有近 4 000 只指标，但是面向 5 个品种肉羊，并不是专门针对绒山羊的补贴，再加上每个养殖户可享受最多 3 只种公羊的补贴，导致该补贴覆盖到的绒山羊养殖户也较少。其他扶持政策主要惠及从事羊养殖的脱贫户和监测户，一般绒山羊养殖户不是扶持对象。巴林左旗的种公羊补贴政策情况与巴林右旗相似，但是由于该旗本地没有绒山羊种羊场，补贴资金发放要求正规购买手续、种公羊系谱档案等资料，只有零星绒山羊养殖户申领过该补贴。岚县大多执行国家层面的政策，除购买动物防疫社会化服务外，没有专门针对绒山羊的地方直接扶持。岚县自 2019 年开始实施能繁母羊保险

补贴①，但由于政府对绒山羊产业关注减少，2022 年开始该品种保险已经不再实施。

三、促进绒山羊产业发展的对策建议

（一）多主体共同发力，助推种羊场规范发展

种羊场的良性发展对于绒山羊良种繁育体系的建立健全至关重要，也关系着我国现代化畜禽种业发展。产业主体要充分认识促进绒山羊种业发展的重要性，以解决当前绒山羊种羊场发展面临困境为导向，齐发力助推种羊场规范发展、盈利运营，做实地方特色品种的保护选育工作。

第一，对于建有种羊场的地区，政府部门要意识到种羊场的保种育种工作具有长期性和公益性，再加上当下种羊场多为企业代管，一定要对其发展进行持续的引导、规范和支持。尽量协调财政资金为种羊场提供固定的年度保种经费，持续关注种羊场经营发展状况，及时研究指导种羊场脱困，协调金融机构开展活体牲畜质押贷款业务探索，争取周边绒山羊主产区与种羊场开展引种合作等。第二，对于尚没有种羊场的地区，可考虑加强与周边地区种羊场的定向联系和深入合作，弥补现有良种繁育推广体系中种羊场的缺位，定期组织养殖户从合作种羊场团购优质种羊，引导养殖户规范改良，避免本地特色品种混杂退化。第三，种羊场要根据市场需求准确定位，做好育种规划和育种方案，强化规范意识，规范操作程序，完善档案记录，持续推进科学保种选育工作。为解决资金紧张问题，不仅要降耗增效，减少不必要的开支，充分发挥存栏种羊利用率，加快畜群周转，还要努力申报争取各级政府项目或科研院所联合项目，向政府争取保种经费，向金融机构争取活体牲畜质押贷款。为解决人才缺乏问题，尽量协调工资水平，保障种羊场固定配有技术人员 1～2 名，同时可加强与职业院校、科研院所的合作，

---

① （1）保险责任：在保险期间内，由于下列原因直接造成保险标的死亡，保险人按照本保险合同的约定负责赔偿。具体包括火灾、爆炸、建筑物倒塌、空中运行物体坠落，暴雨、洪水（政府行蓄洪除外）、风灾、雷击、冰雹、泥石流、山体滑坡、地震，巴氏杆菌病、炭疽病、口蹄疫、气肿疽、焦虫病、链球菌病、羊痘、羊快疫、羊坏死杆菌病、羊猝狙、羊黑疫、羊肠毒血症、羊传染性胸膜肺炎、布鲁氏菌病。（2）保额：每只能繁母羊的保额为 500 元。（3）费率及保费：50 元/头（县财政补贴 80%，个人负担 20%）。（4）保障实施范围：全县所有养殖参保户。

通过联合研究、实训基地、特派指导等形式，实现技术服务指导的多渠道供给。

（二）拓宽羊绒销售渠道，规范“工牧直交”方式

贩子收购是目前养殖户羊绒销售的主要渠道，在部分地区甚至是农牧民羊绒销售的唯一渠道，已有的“工牧直交”方式名不副实，未发挥实质作用。由于散户产量偏小、羊绒交易市场缺乏和市场行情变化等多种原因导致销售过程中养殖户普遍处于被动位置，羊绒未实现“优质优价”，这不仅影响了农牧民的经济利益，也不利于羊绒流通市场的健康发展和高质量羊绒的生产。因此，建议拓宽羊绒流通渠道，规范当前“工牧直交”方式，完善羊绒流通市场建设，实现“小农户”“小生产”与“大市场”的有效对接。

首先，对于当地或邻近有羊绒加工企业的地区，政府部门应充分调动羊绒加工企业在羊绒产业链中的关键作用，联合银行、信用社等金融机构，通过减免企业税费、提供羊绒收储贴息贷款、创新羊绒仓单质押贷款、羊绒收购二次补贴等方式，支持羊绒加工企业通过“工牧直交”方式、以高于市场价一定水平直接从养殖户手中收购羊绒原料，打通羊绒产区与加工企业的流通渠道，减少中间流通环节，推动长期稳定的产销对接。在收购过程中要求企业坚持以质定价原则，以羊绒细度为标准，进行羊绒细度检测，分等分级定价、体现等级价差，切实做到“优质优价”。其次，对于周边缺乏羊绒加工企业、无条件开展“工牧直交”的地区，可考虑借助绒山羊养殖专业合作社、养殖小区、家庭牧场、养殖企业等组织或主体，在羊绒集中销售月份，为绒山羊散养户提供羊绒供求信息、价格信息等，组织散养户对羊绒进行简单分级整理，联系羊绒收购商贩进行联合销售或代销，以增强羊绒销售中散养户的议价能力，提高养殖户的羊绒销售收入，降低羊绒销售风险。然后，加强对羊绒销售环节的监管，对销售过程中收购商贩刻意压级压价、提供虚假信息等问题进行严厉处罚，营造良好的销售环境，规范羊绒流通市场的秩序。最后，羊绒主产区或主销区政府可酌情考虑搭建具有价格反映、标准制定、品牌传播等属性的羊绒价格监测平台，精准刻画产业链重点环节的价格变化，客观反映羊绒产品价格变化趋势，让信息活起来，把数据用起来，引导市场流通更加顺畅，促进羊绒品牌价值更好传播，带动羊绒产业数字化转型。

（三）尽快达成遏制羊绒粗化共识，多管齐下保羊绒细度

羊绒以细为贵，细度是决定羊绒品质的一项重要指标。如果我国羊绒细度继续以每年 0.1 微米的速度逐年变粗，再过 10 年，细度达到 17 微米以上的羊绒将丧失优质特性，我国羊绒制品将失去特有的品质和价格优势。如果不及早遏制国内羊绒持续增粗的趋势，丧失的不仅是资源优势，还有更重要的产业优势和累积多年的国际羊绒产业话语权。为此，政府和产业主体要尽快在遏制羊绒增粗方面达成高度共识，多管齐下、多策并用，保持或降低羊绒纤维直径，提高绒山羊个体产绒品质。

第一，政府有关部门、生产主体、繁育主体、加工主体等应该足够重视当前我国羊绒细度变粗的严峻形势，充分认识到必须齐心协力采取迅速和有效的控制措施，改变羊绒品质继续下滑的趋势。第二，政府部门、加工主体要发挥主导引领作用，加快推进羊绒“优质优价”机制建立，运用好价格杠杆和利益激励，调动生产主体优质绒山羊的饲养积极性、细型羊绒的生产积极性、羊绒细度在 16 微米以上的淘汰主动性，增强分部位抓绒、分等级包装的工艺配合度，从根本上解决优质羊绒供应的可持续问题。第三，保种主体要落实好地方特色绒山羊遗传资源保护责任，全方位加强和做好保种工作。考虑到绒山羊产业由绒用为主转向肉用为主、生产主体注重羊绒产量提升，保种主体的保种改良方向可分化为稳产量提细度的超细绒型品种选育①和稳细度提产量的高产绒型、高繁型、高产肉型品种选育，并增强与生产主体之间的横向扩繁合作，实现从根源上提升区域羊绒生产的遗传资源水平。第四，生产主体要提高科学化繁育改良和精细化养殖管理的意识，杜绝盲目引种无序杂交，提高饲草料加工利用率，科学优化饲草料配比，提升剪抓绒技术水平，学习羊绒简单分级打包技术，从遗传、营养、采集方面减缓羊绒粗化势头。第五，羊绒质量信息的掌握是发现羊绒生产问题、指导养殖户高质量生产、推动羊绒质量提升的依据和基础，各省份纤维质量监测主体应在中国纤维质量监测中心的指导下，发挥毛绒检验技术优势和职能职责，加强免费羊绒纤维质量年度检测，可为羊绒主产区域生产主体提供羊绒纤维质量的动态监测，或为加工主体提供羊绒纤维质量的公证检验。并充分利用现代信息技术，发挥互联网大数据优势，积极搭建羊

① 超细绒型品种指羊绒纤维细度 14.5 微米以下。

绒品质监测和评价追溯信息系统，方便产业主体查阅羊绒质量检验结果，方便政府部门查阅地区羊绒质量动态监测结果和统计分析报告，高效向社会公众发布年度羊绒质量监测报告。

（四）加快推动农牧民职业化，重视培育高素质农牧民

绒山羊养殖业的发展，关键在人。当前绒山羊养殖业青壮年劳动力的空缺势必会加剧养殖生产的不稳定性和脆弱性。新一代年轻人身强体壮，学习能力强，信息化基础好，创造性思维强，劳动效率高，在我国畜牧业现代化过程中将起到举足轻重的作用。如何引导新一代年轻人进入畜牧行业，成为爱畜牧、有知识、懂技术、会经营的高素质农牧民，是实现未来“有人养殖、能人养殖、职业养殖”的重要途径。为此，在绒山羊养殖行业，要加快推动农牧民职业化，重视培育高素质农牧民，尽快育成一批稳定的、高效的、可持续的绒山羊养殖从业生力军。

第一，在全社会范围内，加强对高素质农牧民的职业认同宣传教育，让社会感到从事农牧业“有尊严”“有保障”“有成就”，既是一项被社会广泛认同的、具有特殊价值的体面职业，也是一条通过劳动付出就能获得相应经济收益的有效途径，更是一种实现美好人生、通往幸福生活的重要方式。第二，加快推进绒山羊产业的高素质农牧民精准培育工作，依托高素质农牧民培育持证工作、高素质农牧民职称评审试点工作等，对年龄在20～45岁、有基础和潜力的产业主体进行细分针对的职业化培训和认定，循序渐进培育一批高素质、多元化、有层次的农牧民。如面向专业大户、家庭农牧场等产业经营骨干，加强新型农业经营主体带头人培训和培育；面向合作社、养殖企业等经营管理人员，加强职业经理人培训和培育；面向农民工、大中专毕业生、大学生、退役军人、城市青年等返乡入乡群体，加强畜牧业创新创业者培训和培育。第三，完善高素质农牧民培育数字档案，实现对培育对象信息管理的智能化，同时建立数据整合机制、共享机制、动态管理机制，有效避免重复遴选、多头遴选等问题的发生，切实提高培育对象遴选工作的针对性、准确性与实效性。第四，完善高素质农牧民培育机制，建立“有为政府、有效市场、有力公益组织”的动能集成机制。充分发挥政府政策激励、财政投入、监督规范等作用和市场竞争作用，鼓励多元培育主体带动资金、技术、人才等要素流向畜牧业，充分发挥社会公益资源的救助、补偿和服务等作用，共同推进高素质农牧民培育。

（五）推进绒山羊养殖合作社规范提升，打造示范社

农民专业合作社是市场经济条件下发展适度规模经营、发展现代农业的有效组织形式，有利于提高农业科技水平、提高农民科技文化素质、提高农业综合经营效益。可见，抓好绒山羊养殖专业合作社发展，是提高我国绒山羊产业组织化、规模化程度的有效举措。当前各调研县（旗）绒山羊养殖专业合作社发展质量不足凸显。因此，政府部门应当加快推进绒山羊养殖合作社规范提升工作，以打造示范社为推手带动合作社高质量发展。

第一，政府部门相关领导要充分认识到办好绒山羊养殖合作社的重要意义，任凭养殖户“单打独斗”，绒山羊产业是不能壮大兴旺的，合作社才是绒山羊家庭养殖户抱团发展现代畜牧业、参与市场竞争的有效载体。第二，多部门合作，尽快对绒山羊养殖专业合作社进行分类指导规范。对运行较规范的合作社进一步加大指导服务力度，确保合作社高效运转。对运营一般的合作社，按照“缺什么，补什么”的原则，指导合作社尽快整改、规范完善。对未运营的合作社，尽量通过限期整改完善或合并方式帮助其开展运营，确无发展条件的引导其自愿注销。第三，抓点做样，基于综合评估结果和提升建议，考虑区位条件、产业规划、合作社类型、示范带动能力等因素，选出 1～2 家合作社作为重点打造对象，“因社施策”，率先开展绒山羊养殖示范社打造。在基础规范提升方面，做实内部合作，制定明确成员入社退社标准、流程，建立规范完备成员账户，根据各自实际修订合作社章程，把真正有需求、有意愿的农户吸纳为成员，通过股份合作、盈余返还等形式加强社员之间的风险共担、利益共享，提升标准化养殖生产水平，提高主要生产资料统一购买率、绒肉产品统一销售率，争取获得无公害产品生产基地等相关认证，大幅提高合作社凝聚力。在运营能力提升方面，善于利用外部力量，整合家庭农场、村集体经济组织、羊绒加工企业、屠宰企业等主体以股东身份进入合作社，开展多层次联合，设计“原始股”和“提升股”调节公平与效率，实现延链强链、共生共赢。最终实现每县（旗）至少拥有 1 家运行有机制、发展有效益、示范有亮点的典型绒山羊养殖专业合作社，实现“示范一个、带动一片、致富一方”，为其他合作社发展提供参照模板，扩大示范引导效应，带动合作社整体高质量发展。第四，政府要围绕主体需求出招纾困，针对绒山羊养殖专业合作社发展中的难点、痛点，察实情、出实

招，切实帮助示范社的建设和发展。同时，建立健全合作社考核奖补办法，整合相关涉农资金，对“诚信意识好、产业基础牢、规范管理好、服务能力强、技术含量高、经营规模大、带动农户多”的合作社进行奖补，强化示范引领。第五，政府要加大对绒山羊养殖示范社成效的宣传力度，让养殖户深入了解合作社的优势，真正认识加入合作社的益处，提高养殖户的入社积极性。

（六）加强畜牧兽医人才队伍建设，推进畜牧兽医社会化服务

基层畜牧兽医专业人才队伍是绒山羊产业高质量发展的主要技术力量。当前，基层畜牧兽医专业人才队伍力量薄弱，年龄普遍老化，工作繁重，青黄不接，对开展防疫培训工作和绒山羊产业发展带来诸多不利影响。为此，应加强畜牧兽医专业人才队伍建设，提升现有畜牧兽医人员专业技能，加快畜牧兽医人才引进和储备，探索畜牧兽医服务体系的社会化，推动基层形成青蓝相继、薪火相传、社会共同参与的工作新局面，切实提高畜牧兽医服务能力水平。

第一，结合基层畜牧兽医专业人才队伍建设实际问题和发展困境，制定地方基层畜牧兽医专业人才队伍建设改善方案，有计划、分步骤地推进基层畜牧兽医服务能力提升。第二，着重加强对在编在岗畜牧兽医工作人员的培训教育，提升专业技能。采取集中办班、现场实训等方式，组织行业专家、科研人员深入基层开展技术培训，帮助基层畜牧兽医工作人员丰富业务知识，提升业务能力。加强与高等院校、科研院所合作，选派优秀技术人员进行定向深造，更新知识结构，提升技术水平。第三，加强与组织、人事部门的沟通协调，依托人才引进政策支持，灵活创新人才引进方式，抓紧从科研院所、省内外院校引进畜牧兽医青年后备人才。第四，加强与省内外院校联系，引导初、高中毕业生就读畜牧兽医专业，扩大人才培养基数，充实地方畜牧兽医本科毕业生人才储备库。第五，各地应以动物防疫服务为重点，兼顾动物诊疗服务、第三方检测服务、病死畜禽无害化收集处理服务等多元化服务，按照政府主导、部门负责、社会参与、共同监督的要求，积极推进政府购买畜牧兽医多元化服务，辅以监督指导和绩效考核相结合的规范机制，保障基层畜牧技术推广、动物疫病监测和动物疫病防控等工作高效开展，为养殖户提供更加专业化、精细化的兽医公共卫生服务。

（七）关注绒山羊产业发展，尽量加大政策扶持力度

羊绒产业是我国极具特色和国际优势的畜牧产业，并且我国羊绒产区主要位于相对偏远落后、少数民族聚居的中西部地区，绒山羊养殖对于保障当地农牧民收入、维护社会稳定、保持国际地位有着重要作用。然而，相较于生猪、土豆等农产品而言，不论是国家还是地方，对主产区绒山羊养殖业发展的扶持力度均较弱，有些地区甚至没有针对性扶持。因此，建议政府关注地方特色绒山羊产业，同时提高对绒山羊养殖的重视程度，尽量加大政策扶持力度。

根据产业经济研究团队调研数据，各调研县（旗）养殖户期望能够获得政府支持绒山羊养殖的扶持政策。从政策需求看，山西岢岚县和岚县分别有65.00%、24.00%的养殖户将棚圈建设补贴作为第一项、第二项最需要的扶持政策，有20.00%的养殖户将饲草料补贴作为所需扶持政策的第三项；内蒙古巴林左旗和巴林右旗共有66.67%的养殖户将种公羊补贴作为第一项最需要的扶持政策，分别有27.97%、33.33%的养殖户将棚圈建设补贴作为第二项、第三项需要的扶持政策。

第一，绒山羊主产区政府应统筹整合各级财政涉农资金，并撬动金融资本和社会资金投入产业帮扶，形成“多个渠道引水、一个龙头放水”的绒山羊养殖资金整合使用机制，尽可能集中各种资金、各样资源、各方力量齐力发展绒山羊产业。第二，政府在确定绒山羊产业扶持对象时，除考虑推动实现巩固拓展脱贫攻坚成果同乡村振兴有效衔接，扶持绒山羊养殖中的脱贫户（监测户）外，也要兼顾对绒山羊养殖一般户的关注。在政策和资金权限范围内，可将部分补贴名额分配给一般户，或者创新补贴政策，从直接扶持转向带动扶持，扶持能够带动脱贫户（监测户）发展的养殖大户、专业合作社、种羊场等，实现既巩固拓展脱贫攻坚成果同乡村振兴有效衔接，又促进绒山羊产业组织化发展。第三，政府在设计绒山羊产业扶持政策时，要深入调查摸底扶持对象的政策需求，充分尊重扶持对象的扶持意愿，在此基础上，统筹分配财政资金，确定合适的扶持政策、扶持范围、补贴数量、补贴力度、补贴方式等，提高扶持资金的利用效率，尽可能有效促进绒山羊养殖户积极生产、高质量发展。如针对养殖户的补贴，岢岚县和岚县政府可着重研究出台棚圈建设补贴、饲草料补贴，以改善当地养殖户面临的脏乱差养殖环境和减轻其冬季补饲资金压力。巴

林左旗和巴林右旗可继续完善种公羊补贴，补贴数量向绒山羊倾斜，协助联络供种的绒山羊种羊场，并探索效仿畜牧机械购置补贴将种公羊补贴标准与市场价格挂钩。针对其他产业主体的补贴，考虑到解决绒山羊产业保种问题、羊绒明显粗化问题的紧迫性，政府部门应重点加强对绒山羊种羊场的固定保种改良经费支持、羊绒“优质优价”二次补贴、绒山羊养殖专业合作社示范建设支持、生物资产抵押贷款支持等。